Till Mansmann

Moritz Promny

Roland von Hunnius

Birgit Grüner

Dr. Klaus Valeske

Yanki Pürsün

Dr. Fritz Roth

Wir sind so frei

Gegen die Versuchungen der Unfreiheit

Wir sind so frei
Gegen die Versuchungen der Unfreiheit

1. Auflage Dezember 2021
Layout und Realisierung: Jochen Fröhlich, jfroehlich@geiersberg.de
Herstellung und Verlag: BoD – Books on Demand, Norderstedt
ISBN: 978-3-75575-488-6
Printed in Germany

Bibliografische Information der Deutschen Nationalbibliothek:
Die Deutsche Nationalbibliothek verzeichnet diese Publikation in der
Deutschen Nationalbiografie; detaillierte bibliografische Daten sind im
Internet über http://dnb.d-nb.de abrufbar.

Die Titelseite zeigt einen Teil der Freiheitsstatue
(„Liberty Enlightening the World"), die auf Liberty Island
im Hafen von New York steht. Bild: shutterstock.de.

Lebe mit deinem Jahrhundert,
aber sei nicht sein Geschöpf!
Leiste deinen Zeitgenossen,
aber was sie bedürfen,
nicht was sie loben.

Friedrich Schiller

Es kann nicht die Aufgabe eines
Politikers sein, die öffentliche
Meinung abzuklopfen und dann
das Populäre zu tun.

Aufgabe des Politikers ist es,
das Richtige zu tun
und es populär zu machen.

Walter Scheel

Inhalt

Zum Geleit

„Man darf die liberale Sache anderen nicht zur Selbstbedienung überlassen", so Hinrich Enderlein anlässlich seiner 50-jährigen Mitgliedschaft bei der FDP.

Fast alle Parteien sehen sich heute in liberaler Tradition und heften sich das Wort „liberal" an ihr Revers. Enderlein nannte dies ein „Epitheton ornans" (ein schmückendes Beiwort).

Es ist an uns, das Wort Freiheit mit Substanz zu füllen und unverwechselbar zu machen. Zweifelsohne ist Freiheit die Abwesenheit von Zwang. Aber das allein reicht nicht. Denn das ist nur eine Seite der Medaille. Auf der anderen Seite geht es um menschliche Lebenschancen und Selbstbestimmung.

Ist Selbstbestimmung nicht die konkreteste Form der Freiheit? Sind wir nicht anfällig für, wie Dahrendorf es nannte, die „Versuchungen der Unfreiheit?"
Die breite Unterstützung, die Maßnahmen zur Einschränkung der persönlichen Freiheit erfahren – Einschränkungen, die im Namen des Gesundheitsschutzes, der Klimarettung oder mit anderer Begründung verhängt werden – scheinen Dahrendorf zu bestätigen. Doch gerade in dem Ausmaß, in dem die Chancen zur Selbstbestimmung begrenzt werden, wird eine Gesellschaft unfrei.

Mancher empfindet es als Zumutung, die Anstrengung auf sich zu nehmen, aus seiner Freiheit etwas zu machen. Es ist so viel bequemer, sich auf den Staat zu verlassen, der nur zu gern den Spielraum füllt, den seine Bürger ungenutzt lassen – alles unterfüttert mit wohlfeilen Schlagworten wie „Nachhaltigkeit", „Gemeinwohl", „Fairness" oder „Gerechtigkeit".

Richard von Weizsäcker sah das Problem beim Bürger, der „eigentlich nicht Staatsbürger, sondern Staatskunde ist".

Wir leben nach der Aufklärung: „Habe Mut, dich deines eigenen Verstandes zu bedienen".
Lasse nicht andere für dich denken. Ein liberaler Staat muss die Möglichkeit geben, diese Gedanken auch zu äußern – ohne die Gefahr von Bedrohung. Liberaler Staat und starkes Individuum gehören zusammen.

Wir leben zugegebenermaßen in einer schwierigen Zeit – Vater Staat steht bereit, öffnet seine Arme und den Geldbeutel. Einen Geldbeutel, den unsere und die nächsten Generationen immer wieder selbst füllen, ohne Ziele oder Zweckerreichung zu hinterfragen.
Unser Staat als Wohlfühlstaat, als Wohlfahrtsstaat – Menschen haben sich gewöhnt an die Fürsorge, die Vorsorge, an das Abgesichertsein – ein Leben lang.
Corona hat uns aufgeweckt, gar aufgeschreckt.

Am 29. März 2021 titelte die NZZ „Der Irrglaube, Gerechtigkeit durch Gleichheit herstellen zu können."
Kritisiert wird ein Politikansatz, der Leistung links liegen lässt.

Ein liberaler Politikentwurf sollte den Bürgern etwas zutrauen. Hauptaufgabe des Staates ist es, Gleichheit der Bedingungen zu schaffen!

Ein liberaler Staat ist ein machtbegrenzter Staat.
Ein liberaler Staat ist kein Wohlfühlstaat.
Ein liberaler Staat hat als Träger den selbstverantwortlichen Menschen.

Der Staat hat nicht das Recht, die Handlungsoptionen künftiger Generationen zu beschneiden, indem er Gegenwartsbedürfnisse als Zukunftsaufgaben verklärt und den nach uns Lebenden die Rechnung dafür hinterlässt. Politik besteht nicht im Hinzufügen immer neuer Aufgabenfelder mit der Folge immer höherer Belastung sondern im Setzen und Durchsetzen von Prioritäten auf der Grundlage der von Bürgern bereitgestellten Ressourcen.

Der Weg vom Nachdenken über Freiheit bis zur Gründung einer liberalen Partei ist ein wechselvoller gewesen. Wir vergessen nicht, dass wir Glieder einer langen liberalen Tradition sind und hinter dieser Tradition stehen liberal handelnde Menschen. Wir wollen in dieser Aufsatzsammlung auch einige Persönlichkeiten würdigen oder gar dem Vergessen entreißen.

Wir möchten erinnern an Heinz-Herbert Karry, dessen Todestag sich zum 40sten Mal jährt.
Karry, den die Nationalsozialisten als „Halb-Juden" in die Zwangsarbeit schickten, war zur Hassperson linksradikaler Kreise geworden, da er sich für den Ausbau der Kernkraft einsetzte und 1980 den sofortigen Baubeginn der Startbahn West anordnete. Wenn auch ein Bekennerschreiben vorlag, ist dieser feige Mord am Hessischen Wirtschaftsminister bis heute unaufgeklärt geblieben.
An Liberale wie Rudolf Virchow, der sich in „seiner" Zeit mit gesundheits-, gesellschafts- und staatsgefährdenden Epidemien

konfrontiert sah und als liberaler Wissenschaftler einen Weg skizzierte, wie man eine solche Krise überwinden kann.
An zwei unermüdliche Frauen der Liberalen Politik: Grete Kletke, die die finstere Zeit des Nationalsozialismus heraufziehen sah, ihre politischen Konsequenzen zog und die Folgen aufrecht trug. Wie auch an Emmy Diemer-Nicolaus, die u.a. die große Strafrechtsreform mitgestaltete und ihr politisch-juristisches Ohr immer bei den Menschen hatte.

Liberale sehen in Bildung und Kultur eine wichtige Grundlage eines lebendigen Staates, der auf seine Kindergärten, Schulen, Universitäten und Hochschulen, seine Museen und Theater etwas hält.

Kinder und Jugendliche hat die Pandemie nicht nur besonders hart getroffen, sie werden die Folgen auch noch am längsten und vielleicht am stärksten spüren – von Entwicklungsrückständen über Traumata bis zu vermeintlicher Perspektivlosigkeit. Liberale Sozialpolitik bietet Lösungen für die drängenden Probleme der nachfolgenden Generation.

Gerade der Blick auf die Corona bedingten Kontakt- und Reisebeschränkungen hat uns gezeigt, wie groß der Nachholbedarf im Bereich der Digitalisierung ist – wie schlecht vernetzt die Gesundheitsämter, wie schlecht Schulen digital ausgestattet sind.

Aber auch was die Kulturschaffenden angeht, merken wir, wie gefährdet das kulturelle Leben in Zeiten der Pandemie ist und wie unsicher deren Lebensgrundlage. Auch hier braucht es liberale Antworten.

Wir sind weit davon entfernt „Virtuosen im Virtuellen" zu sein. Technologischer Fortschritt hinkt hinterher.
Wir werden anerkennen müssen, dass virtuelle Beziehungen zu unserem Leben dazugehören werden. Mit Maß und Mitte werden wir in Bildung und Wirtschaft Begegnungen virtuell und von Angesicht zu Angesicht leben lernen.

Lassen wir uns die Freiheit nicht ausreden. Die Würde sich etwas zu verdienen, ist für Liberale die Option, nicht „komfortable Stallfütterung".

„Die unverwechselbare Grundbedeutung von Freiheit ist die Abwesenheit von Zwang und die Ermutigung zur Eigentätigkeit." „Freiheit", so führt Dahrendorf weiter aus, „darf niemals ein Privileg werden". Prinzipiell sollen alle Menschen ein Anrecht darauf haben und das soll die Aufgabe einer Politik im Geiste der Freiheit sein.

Wir wehren uns gegen den geistigen Lockdown zugunsten eines Wohlfühlstaates, in dem wir es uns vermeintlich bequem machen können.

Es gab noch nie so viel zu tun!

Till Mansmann
Moritz Promny
Roland von Hunnius
Birgit Grüner
Dr. Klaus Valeske
Yanki Pürsün
Dr. Fritz Roth

Die glücklichen Sklaven sind die
erbittertsten Feinde der Freiheit.

Marie von Ebner-Eschenbach

Das Steuersystem nach der Corona-Krise

Von Till Mansmann, MdB

Die Corona-Krise hat das politische Denken im Land verändert – wie tiefgreifend diese Veränderung ist, können wir erst nach der wirklichen Beendigung der Pandemiesituation einschätzen. Vielleicht dauert es Jahre, bis uns klar wird, wie sehr die globale Gesundheitskrise unser politisches System verändert haben wird. Besonders sichtbar wird das in der Finanzpolitik sein: Denn aus so einer Krise kann man sich nicht heraussparen oder einfach mit gedrucktem oder geliehenem Geld herauskaufen. Wir müssen aus ihr in den nächsten Jahren wirtschaftlich herauswachsen, damit nicht die junge Generation alleine die Lasten tragen muss. Voraussetzung für dieses Wachstum ist ein faires Verhältnis zwischen Bürger und Staat. Der Schlüssel dazu ist ein modernes Steuersystem des 21. Jahrhunderts – das in der Krise gewachsene Vertrauensverhältnis der Bürger zu ihrem Staat könnte der Kondensationskern dafür werden.

Viele Länder weltweit sind gerade in einer schwierigen Lage. Die Weltwirtschaft wankt, dramatische Veränderungen gefährden die Existenz von vielen Millionen Menschen. Unser Land wird international als Fels der Stabilität in einer gefährlichen globalen Brandung gesehen. Aber wir sehen in

Deutschland auch, wo dieses Bild Schwächen zeigt: Nicht alles läuft gut, durch die Pandemie werden Probleme wie in einem Brennglas vergrößert, Fehler im System werden gut sichtbar – auch im Steuersystem. Daher sehen viele Expertinnen und Experten es als wichtig an, das Steuersystem unseres Landes einer intensiven Prüfung zu unterziehen.

In den letzten Jahren ist im Steuersystem ein Misstrauen auf beiden Seiten entstanden, das eines freiheitlich-demokratischen Rechtsstaats geradezu unwürdig ist: Auf der einen Seite stehen eine Finanzverwaltung, die bei vielen Betriebsprüfungen schon dem Grundsatz nach von Steuerverkürzung ausgeht, und eine gesellschaftliche Stimmung, in der Wirtschaftsunternehmen unter Generalverdacht gestellt werden. Nehmen wir eine Branche, in der gerade wegen ihrer starken Betroffenheit durch die Pandemie zigtausende von Betrieben um ihre Existenz kämpfen: die stark gebeutelte Gastronomie. Hier vergrößert die Finanzverwaltung bei Betriebsprüfungen sehr oft mit üppigen sogenannten „Zuschätzungen" die Last. Das Ergebnis einer Steuerprüfung wird staatlicherseits oft grundsätzlich als unbefriedigend angesehen, wenn es nicht zu einer Nachzahlungspflicht führt.

Auf der anderen Seite stehen Bürger, denen das Steuerzahlen nicht nur eine ungeliebte Pflicht ist, sondern fast als Zumutung empfunden wird – womit sie der politischen Klasse ihr tiefes Misstrauen ausdrücken. Das ist oft verbunden mit dem Vorwurf an die Parlamente, das dem Gemeinwohl übereignete Geld ohnehin nicht ordentlich verwalten zu wollen oder zu können. In dieser Atmosphäre steigt die Gefahr, dass Steuern verkürzt werden, weil sich mancher steuerpflichtige Bürger in eine Art Notwehrvorstellung gegenüber dem aus seiner Sicht oft übergriffigen Staat zurückzieht.

Diese Spirale des Misstrauens ist eine traurige Entwicklung, bei der es sich kaum lohnt, klären zu wollen, welche Seite das

Vertrauen zuerst verloren hat – es geht nicht um Henne oder Ei. Klar hingegen ist, dass nur der Staat diesen Teufelskreis durchbrechen kann – und auch muss. Denn so ist unsere Demokratie aufgebaut: Der Staat muss sich gegenüber dem Bürger rechtfertigen, und nicht umgekehrt. Im Gegenzug ist der Bürger dann zur Gesetzestreue verpflichtet.

Gerade jetzt in der Zeit der Corona-Krise haben die Bürger trotz harter Einschränkungen offensichtlich die Leistungsfähigkeit ihres Staats wieder zu schätzen gelernt. Die Politik hat wieder Vertrauen gewonnen. Die Chance ist so gut wie noch nie, einen grundsätzlichen Wandel der politischen Kultur in Deutschland einzuleiten. Gerade jetzt könnte der Staat mit visionärer Kraft zeigen, wie er sich ein neues Verhältnis zwischen Bürger und Staat im 21. Jahrhundert vorstellt. Enttäuschen wir unsere Bürger nicht.

Dreh- und Angelpunkt dieses Verhältnisses ist das Steuer- und Abgabensystem – hier entscheiden sich grundlegende Fragen der Lastenverteilung. Es ist die Schnittstelle zwischen der Leistungsfähigkeit des Einzelnen und der der Unternehmen sowie den Ansprüchen der Gesellschaft insgesamt, für die der Staat die Rechnung stellt. Wenn man Gerechtigkeit als mehr definiert denn bloße Umverteilung von Reichtum, sondern eher als faire Verteilung der Lasten auf die Leistungsfähigen, dann ist ein modernes Steuersystem der Schlüssel zu wirtschaftlicher Gerechtigkeit. Die soziale Marktwirtschaft ist der Mechanismus, der das enorme Wertschöpfungspotenzial der Wirtschaft gesellschaftlich am besten nutzen kann.

Die Corona-Pandemie hat uns gezeigt, wie wichtig eine starke Ökonomie ist, um Krisen zu bewältigen – solide wirtschaftliche Verhältnisse, ein auf dieser Basis leistungsfähiges Gesundheitssystem, nicht zuletzt eine gesunde, wohlgenährte Bevölkerung waren das Erfolgsrezept für einen bislang glimpflichen Verlauf des Infektionsgeschehens und seiner wirtschaftlichen Folgen in Deutschland.

Über die genauen Instrumente, über die vielen einzelnen Fragen von Entlastung, Investitionsanreizen und Innovationsförderung kann man streiten. Aber bezüglich der Überzeugung, dass wir endlich in eine neue, nachhaltige, digitale, flexible und leistungsfähige Ökonomie des 21. Jahrhunderts einsteigen müssen, nachdem das neue Jahrtausend seit nun 20 Jahren angebrochen ist– da herrscht weitgehend Einigkeit in Gesellschaft, Medienlandschaft und Politik. Eine Frage ist dabei weiterhin grundsätzlich strittig: Bewältigen wir diese Transformation durch die Einführung einer weitgehenden Staatswirtschaft, bei der viele politische Akteure Anleihen beim chinesischen Staatskapitalismus nehmen wollen? Bevorzugen wir dabei also ein paternalistisches Staatsmodell? Oder setzen wir nicht lieber, wie in den vergangenen erfolgreichen sieben Jahrzehnten der sozialen Marktwirtschaft in der Bundesrepublik, auf eine grundsätzlich freie Wirtschaft, mündige Bürger und Verbraucher?

Es ist nun keine Überraschung, dass wir Freien Demokraten auf Freiheit und Mündigkeit setzen. Eher erstaunlich ist, dass nach der Wandlung der Christdemokraten in zwei Großen Koalitionen die FDP die einzige verbliebene politische Partei im Deutschen Bundestag ist, die geschlossen und eindeutig für diesen Weg eintritt. Wir sind überzeugt, dass das Steuersystem entschlackt und vereinfacht, der Staatsapparat entbürokratisiert und digitalisiert und das finanzielle Verhältnis zwischen Bund, Ländern und Kommunen auf eine neue, transparentere Basis gestellt werden muss.

Es gibt Steuerarten, die ihrem Wesen und ihrer Entstehung nach Fremdkörper im sonst gut entwickelten Steuerwesen Deutschlands sind. Dazu gehört der Solidaritätszuschlag, den nicht nur wir Freien Demokraten inzwischen als verfassungswidrig ansehen. Gerade seine Abschaffung wäre ein Signal der Fairness und Verlässlichkeit des Staats an seine Bürger: Der Solidaritätszuschlag wurde als befristete Steuer für die Finanzierung der Einheitslasten geschaffen – diese Frist ist abgelaufen. Zu einem fairen Verhältnis zwischen Unternehmen und Staat gehört auch, Verluste und Gewinne der Wirtschaft in einen sinnvollen steuerlichen Zusammenhang zu bringen. Da Unternehmen zwar Steuerzahlungen leisten, aber am Ende damit Steuerlasten nur auf andere verteilen können, weil Steuerlast ganz unten auf der Rechnung immer Konsumverzicht des Einzelnen zugunsten der Gemeinschaft bedeutet, wäre es sinnvoll, sich im Steuersystem eher auf die Entnahme von Gewinnen als auf Gewinne selbst zu konzentrieren.

Unter dem Strich würden unternehmensfreundlichere Regeln für Verlustvor- und -rückträge für den Staat gar nicht weniger Einnahmen bedeuten, sondern nur Verschiebungen, die über viele Branchen und einen mehrjährigen Veranlagungszeitraum gemittelt in ihrer Gleichmäßigkeit gut zu handhaben wären. Dazu gehört es auch, die Abschreibungen für Investitionen steuerlich zu erleichtern. Dabei wäre wichtig, zu überlegen, ob Gewinne, die im Unternehmen verbleiben, von der Besteuerung nicht eher verschont werden müssten – hat sich doch gerade jetzt in der Krise wieder gezeigt, wie wichtig es für das gesamte Staatswesen ist, wenn Unternehmen genug Eigenkapital haben, um gewisse Zeiten mit stark verminderten Umsätzen aushalten zu können.

Auch die Gewerbesteuer ist im Grunde eine Steuerart, die schlecht in die eigentlich hoch entwickelte Systematik des deutschen Steuerrechts passt. Durch Gewerbesteuerausfälle entstehen den Kommunen große Lasten, wie jetzt wieder in Corona-Zeiten – eine gleichmäßigere Steuerbasis für die Kreise, Städte und Gemeinden wäre ein wichtiger Baustein für die künftige Krisenfestigkeit des ganzen Landes. Die dadurch nötigen Eingriffe von Land und Bund sind am Ende für die Selbstständigkeit und Handlungsfähigkeit der Kreise, Städte und Gemeinden Gift.

Ganz grundsätzlich müssen wir das finanzielle Verhältnis zwischen Bund, Ländern und Gemeinden transparenter gestalten, um den Bürgern die Geldströme besser erklären zu können: Wir Freien Demokraten schlagen daher vor, die Gemeinsteuern, also die Steuerarten, die nicht einer einzelnen Gebietskörperschaft, sondern über Verteilungsschlüssel mehreren zugutekommen, auf den Prüfstand zu stellen. Geprüft werden müsste, ob man gewisse Steuerarten nicht ausschließlich auf eine politischen Ebene erhebt und anschließend einen transparenten Finanzausgleich über den ganzen Staatshaushalt vornimmt. Dazu könnte gehören, die Gewerbesteuer abzuschaffen und den Kommunen stattdessen Hebesätze für die deutlich gleichmäßigeren Steuerarten der Einkommens- und Körperschaftssteuer einzuräumen.

Und last, but not least müssen wir alles das auf den Prüfstand stellen, was eine Rückkehr auf den Wachstumspfad behindert: Zum Beispiel unflexible Arbeitsbedingungen, zu lange und zu bürokratische Genehmigungsverfahren oder Überregulierungen. So haben wir im Bundestag ein neues Arbeitszeitgesetz vorgeschlagen, dass den Zugang zum zeit- und ortsflexiblem Arbeiten erleichtern würde, indem Arbeitnehmer wie Arbeitgeber praktikable und rechtssichere Möglichkeiten für flexibles Arbeiten erhalten, bei dem es nicht darum geht, dass die Menschen mehr arbeiten oder weniger Pausen machen sollen – sondern sie sollen die Arbeit einfach flexibler und passend zu ihren Lebensumständen über die Woche verteilen dürfen.

Und wir müssen uns der Digitalisierung besser stellen: In der Pandemie haben viele Verwaltungen auf allen Ebenen staatlichen Handelns eine für die deutsche Gründlichkeit erstaunliche Beweglichkeit gezeigt: Plötzlich waren Kontakte zu Behörden ohne persönliches Vorsprechen, Verwaltungsakte auf elektronischem Weg und bürgerfreundliche Lösungen möglich, die vor der Krise ohne umfangreichen Papierkrieg und Wartezeiten auf Behördengängen nicht denkbar gewesen wären. Es ist nun wichtig, dass wir auf dem Weg von der Pandemie zurück in die Normalität genau prüfen, welche dieser in der Not erfundenen Vereinfachungen nicht erhalten bleiben können.

Durch die Corona-Pandemie ist das Land bisher gut gekommen, weil wir seit der letzten Finanzkrise 2009 unsere Wirtschaft wieder gut in Gang setzen konnten und weil wir Instrumente wie die Kurzarbeit gestärkt und entsprechende Rücklagen gebildet haben, was auch nun wieder die Beschäftigten schützt. Es ist uns seit 2009 gelungen, das Land wieder fast in Vollbeschäftigung zu bringen, indem wir die industrielle Basis Deutschlands erhalten konnten. Und genau das muss jetzt wieder uns Ziel sein. Jetzt geht es darum, Deutschland aus der aktuellen Krise zu führen und für die nächste Krise fit zu machen, indem wir die Verluste durch neues Wachstum wieder ausgleichen – und damit auch der nächsten Generation die Fairness entgegenbringen, die Lasten nicht völlig auf sie zu verschieben.

Wenn die Zeit der Krisengesetzgebung sich ihrem Ende zuneigt, spätestens wenn die Pandemie vorüber ist, dann wird genau der richtige Zeitpunkt für die neue Weichenstellung gekommen sein. So gesehen sind es keine Plattitüden, wenn wir feststellen: Unsere Zukunft beginnt jetzt, gerade die jungen Menschen sind die am meisten Leidtragenden, und die nächste Krise kommt bestimmt. Es liegt an uns, unseren Staat und unsere Gesellschaft so darauf vorzubereiten, dass wir dann erneut sagen können: Der freiheitlich-demokratische Rechtsstaat mit seiner sozialen Marktwirtschaft ist das Beste, was Deutschland passieren konnte, denn er ist die Grundlage für das individuelle Glück in unserem Land – er bildet den Kern unserer Widerstandsfähigkeit gegenüber allen noch kommenden Naturkatastrophen und anderen europäischen oder globalen Krisen, um dieses Glück jetzt und künftig gegen alle Gefahren zu verteidigen.

Mit freundlicher Genehmigung des ADL (Archiv des Liberalismus).
Plakatsammlung, P1-44.

Allotria, Bildung und Lebenschancen

Von Moritz Promny, MdL

I.

Machen Sie sich Sorgen über die Zukunft der Bildung? Ich schon. Eine meiner Hauptsorgen ist, ob wir der Aufgabe gerecht werden, Kindern die Fähigkeiten zu vermitteln, um im 21. Jahrhundert nach den eigenen Vorstellungen leben zu können. Oder drillen wir sie zu langweiligen Anpassern?

Niemand wird bezweifeln, dass deutsche Bildungspolitik im Zusammenspiel von Bund, Ländern und Kommunen ein komplexer Vorgang der Willensbildung ist. Im Kompetenzgerangel und ewigen Schulstreit erscheint die deutsche Bildungspolitik am Minimalkonsens orientiert. Wer gleichwohl versucht, an diesem Zustand etwas zu ändern, gerät in die Mühlen der Kultusbürokratie. Hier herrscht kleinlicher Zwist auf und zwischen allen staatlichen Ebenen. Bekannte Eskalationsspiralen bilden den selbstreferenziellen Rahmen eigenrationaler Bildungsdebatten. Am Ende weiß keiner mehr, warum und wie sie begonnen haben.

In solch einer verfahrenen Situation kann der Blick in die Vergangenheit helfen, um Inspiration für die Zukunft zu erhalten. Dabei denke ich an den „Kultminister" von Württemberg-Baden namens Theodor Heuss, dem es unmittelbar nach dem 2. Weltkrieg gelang, mit seiner Art die Ministerialbeamten zu neuem Denken anzuspornen. Von einem Ministerialdirektor nach den zu befolgenden Richtlinien der Bildungspolitik gefragt, antwortete er: „Ich verspreche, Ihnen keine Richtlinien zu geben, aber ich werde versuchen, Atmosphäre zu schaffen."[1]

Theodor Heuss hat nicht nur unser Bild des Bundespräsidenten als Staatsoberhaupt geprägt, sondern auch mit Zuversicht an den einzelnen Menschen geglaubt. Heuss verstand es wie kaum ein anderer Politiker der unmittelbaren Nachkriegszeit, die Dinge zu sehen, wie sie sind. Er ordnete die Aufgaben seiner Zeit in einen historischen Kontext ein, um sich der Vergangenheit zu stellen. Sein Denken ist von der Einsicht geprägt, dass das kollektive Bewusstsein eines Volkes maßgeblich von der gemeinsam erlebten Vergangenheit beeinflusst wird. Gleichermaßen erkennt man in den Texten und Reden die für Heuss typische heitere und gleichzeitig verantwortungsvoll besonnene Melodie, die das „Mensch sein" in den Mittelpunkt des eigenen Denkens stellt.

II.

Kein Wunder, dass Heuss ein Fabrikgebäude als Umgebung für einen Vortrag über Selbstbestimmtheit, Freiwilligkeit und den Zweck der Bildung nutzte. Im Kontrast zur Fabrik als Sinnbild der industrialisierten Akkordarbeit sprach er über die Eigenverantwortung der Jugend. Die Ausbildung habe das Ziel, so Heuss, am Ende „Sein' Sach'" gut zu können und fleißig zu sein. Fleiß und Geschick allein seien jedoch nicht das Ziel eines erfüllten Lebens. Zwang und Normerfüllung sollten daher nicht länger Idealbilder der Jugend sein. Selbstverantwortung aus

---

[1] Nach einem Brief über gemeinsame Erinnerungen von Heuss an Theodor Bäuerle vom 18.05.1952 in: Becker/Vogt/Werner (Hrsg.), Theodor Heuss, der Bundespräsident – Briefe 1949–1954, Berlin 2012, S. 341.

Selbstentscheidung für das eigene Leben sind die Schlüsselbegriffe, die Heuss seinen jungen Zuhörern ans Herz legt.[2]

Über Heuss nachzudenken bedeutet auch, die historische Entwicklung mit in die Überlegungen einzubeziehen. Unser Bildungssystem, wie wir es heute kennen, ist ein Abbild der deutschen Geschichte: Angefangen bei den Volksschulen als von Gemeinden und Kirchen getragenen Bildungseinrichtungen, die sich zur allgemeinbildenden Schule unter dem sich formenden bürokratischen Staatswesen mit einheitlichen Lehrplänen entwickelten. Die entstehenden Nationalstaaten des 19. Jahrhunderts erlangten durch den Ausbau von Schulverwaltungen den Zugriff auf große Teile des geistigen, politischen und ökonomischen Potenzials des Menschen. Seit jeher ist die Bildungsfrage auch eine politische Frage, die über den Ausbildungserfolg des Einzelnen hinausgeht. Die Schule kann sich daher nicht von den außerschulischen Entwicklungen abkoppeln. Sie ist immer auch Spiegelbild der Entwicklung eines Landes.

In dieser Geschichte liegen auch die Wurzeln unseres gegenwärtigen bildungspolitischen Streits. Schon in der Mitte des 19. Jahrhunderts standen sich scheinbar unversöhnlich die Interessen gegenüber, die als Ziel von Bildung entweder die Realisierung des Humboldt'schen Ideals von der „Veredlung" der Seele forderten oder die Vorbereitung auf das Berufsleben sahen.

Unser gegenwärtiges öffentliches Schulsystem wuchs gemeinsam mit dem Nationalstaat und der industriellen Entwicklung. Während sich das Fließband und die Herstellung von Massenwaren gleichbleibender Qualität als dominierender Wirtschaftsprozess durchsetzten, entwickelten sich parallel

---

[2] Heuss, Das freie Menschsein, in: Bott (Hrsg.), Theodor Heuss –
Reden an die Jugend, Tübingen 1956, S. 50-53.

staatliche Bildungseinrichtungen für breite Massen in Form standardisierter Klassenstufen. Die staatliche Schule organisierte sich so nach den Rekrutierungsregeln des Militärs und dem Vorbild der industrialisierten Gesellschaft.

Im Rahmen dieser Ordnung bildeten sich Curricula, die staatlich definierte Lernziele vorgaben und deren Erreichen anhand von regelmäßigen Tests überprüft wurden. Schulnoten wurden im Kontext der Bildungsreformen des 19. Jahrhunderts zum abstrakten Qualitätsnachweis über das mehr oder weniger erfolgreiche Aneignen des Lerngegenstands nach einer definierten Zeit. Sie dienen noch heute dem Vergleich individueller Leistungen. Die Beschulung fand zunehmend im standardisierten Klassenzimmermodell statt. Während ursprünglich alle Schüler ungeachtet ihres Alters gemeinsam in einem Raum saßen und der Lehrer herumging, um Hinweise und Anweisungen zum Einüben des Stoffs zu geben, rationalisierte sich die räumliche Organisation des Lehrens und Lernens durch die Einführung von Jahrgangsklassen.

Diese Darstellung soll keinen Anlass zur Romantisierung des damaligen Schulalltags geben. Angesichts der allgemeinen Entwicklungen in Deutschland und des Zeitgeistes in der zweiten Hälfte des 19. Jahrhunderts wäre eine andere Umsetzung der allgemeinen Schulpflicht wohl kaum zu erwarten gewesen. Die konformistische Beschulung, die wir bis heute kennen und für normal halten, war und ist ein großer Erfolg. Unbestritten hat sie ihren Teil dazu beigetragen, dass Deutschland zu einer führenden Industrienation aufgestiegen ist. Der Erfolg dieses Beschulungsmodells zeigt sich auch darin, dass auf der ganzen Welt Bildung auf diese Weise organisiert wird: Klassenstufen, feste Lehrpläne, Abschlussprüfungen mit abstrakter Notenvergabe. Die Schule, wie wir sie kennen, ist nahezu perfekt auf eine Gesellschaft abgestimmt, in der die beruflichen Anforderungen konstant bleiben und individuelle Fähigkeiten sich nur graduell anpassen müssen. Sie entspricht dem gängigen Lebensentwurf, in dem der ursprünglich erlernte Beruf bis an das Ende eines Arbeitslebens verfolgt werden kann, um anschließend in den sozialstaatlich abgesicherten Ruhestand übergehen zu können. Diese Arbeitswelt zeichnet sich durch eine relative Konstanz und Sicherheit aus.

III.

Das bekannte Modell des Industriestaates ist im Umbruch und wir befinden uns inmitten einer Zeitenwende. Überall sehen wir die Vorzeichen, wie unser Leben von morgen aussehen könnte. Gewiss ist, dass sich vieles ändern wird. Wir wissen nur noch nicht, was. Unsere Lebensrealität verändert sich heute in einem Jahrzehnt stärker als zuvor in einem ganzen Jahrhundert. Durch die neue Zivilisationstechnik der Digitalisierung schaltet sich das Wissen von Kontinenten in Sekunden zusammen, um die bekannte Welt und die sicher geglaubten Überzeugungen vom Lauf der Dinge aus den Angeln zu heben.

Der Zusammenhang von Schule und Industriegesellschaft zeigt, dass unser staatliches Bildungssystem nur Vorbild bleiben kann, wenn es sich den neuen Gegebenheiten der digitalisierten Wissensökonomie anpasst. Auch heute noch verstehen wir Bildung zu oft als „industriellen" Prozess des Informationstransfers, der abgeschlossenes Wissen in Form von Noten und Bestenlisten produziert. Schulbücher vermitteln den trügerischen Schein, dass Wissen im 21. Jahrhundert abschließend darstellbar ist und auswendig gelernt werden kann. Der one-size-fits-all-Ansatz des Klassenzimmers, der im 19. Jahrhundert revolutionär und im 20. Jahrhundert erfolgreich war, scheitert zunehmend an der Ambiguität des 21. Jahrhunderts.

Ich bin der festen Überzeugung, dass wir uns vor dieser Veränderung nicht fürchten müssen. Im Gegenteil: Sie bietet die

Gelegenheit, den überholten Gegensatz von Idealismus und Ökonomie als Sinn der Schulbildung aufzulösen. Im Kern der Wissensökonomie steht der Mensch nicht länger als mechanisiertes Glied einer voroperationalisierten Tätigkeit. Nunmehr gefragt sind Kreativität, Lösungsorientierung und Empathie sowie die Fähigkeit, sich neue, unvorhergesehene Problemfelder eigenständig zu erschließen. Ökonomisch relevantes Wissen wird demnach für die Berufsfelder der Zukunft ebenso vorausgesetzt, wie eine umfassende Bildung im Humboldt'schen Sinne.

Auf dem Weg dorthin sollten wir uns nicht in Diskussionen über Schulformen und abstrakte Ideale verbeißen. Einigkeit besteht darin, dass der Bildungsbegriff der Zukunft ein umfassender ist und zur Erreichung eine möglichst individuelle Förderung notwendig wird. Weniger steht das Auswendiglernen von Zahlen, Daten, Fakten im Vordergrund als das Verstehen von Zahlen, das Evaluieren von Daten und das Einordnen von Fakten. Ohne Fleiß und Talent wird es auch in Zukunft nicht gehen, doch Neugierde und Offenheit sind der Katalysator der Wissensgesellschaft. Stärker als in der Vergangenheit rückt das umherschweifende Nachdenken, das Erkunden neuer Ideen und die Einbeziehung überraschender Umstände in den Fokus der Aufmerksamkeit. Was der Schulmeister früher als allotrischen Unfug bezeichnete, kann zur zentralen Fähigkeit der kreativen Wissensgesellschaft werden.

Im one-size-fits-all-Ansatz der herkömmlichen Klassenstufen wird jedem Lerner vorgegeben, wie er lernen soll. Im Frontalunterricht durch mündliche Erklärung, bei der selbstständigen Erarbeitung des Stoffs durch Lesen im Schulbuch und im Rahmen der Gruppenarbeit durch ein kommunikatives Erarbeiten. Wer an seine eigene Schulzeit oder an die letzte berufliche Qualifikationsmaßnahme zurückdenkt, wird sich erinnern, dass jeder von uns unterschiedlich gut anhand des einen oder anderen Systems gelernt hat. Im gegenwärtigen System der Bildung profitiert der Lerner am stärksten, der mit dem jeweiligen Unterrichtssystem am besten klarkommt. Bildungserfolg ist damit nicht nur Ergebnis von Intelligenz und Fleiß, sondern vor allem auch Folge der jeweiligen Adaptionsfähigkeit an ein fabrikmäßiges System des Lernens.

Eine weitere allgemeine Erfahrung ist, dass wir in unterschiedlichen Fachbereichen – beispielsweise Mathematik, Naturwissenschaften, Sprachen, Geisteswissenschaften oder Künste – für das Erreichen des nach dem Curriculum vorgegebenen kollektiven Klassenziels unterschiedlich lange gebraucht haben. War die Klasse schneller als man selbst, hingen wir im Stoff zurück und mit jedem Schuljahr wurde es schwieriger, das aufeinander aufbauende Wissen einzuholen. Dabei scheint es mir fast natürlich, dass jeder Mensch entsprechend eigener Talente beim Erlernen neuer Fähigkeiten unterschiedlich schnell ist. Lernen im Gleichschritt ist eine Illusion.

Die Beispiele sollen zeigen, dass Lernen ein hoch individueller Vorgang ist. Schulische Bildung hingegen findet oft im one-fits-all-Ansatz statt. Nach dem Vorbild industrieller Fabriken soll ein fester Regelsatz an Wissen (Lehrplan) durch eine einheitliche Methode einer vorgegebenen Zahl an Schülern (Unterricht in der Klasse) vermittelt werden.

Könnten wir heute das System Schule von Grund auf neu erfinden, wir würden wahrscheinlich einen anderen Ansatz wählen. Mit dem Wissen, dass jeder Schüler für einen bestmöglichen Bildungserfolg eine möglichst individuelle Betreuung und maßgeschneiderte Lernmethodik benötigt, wäre nicht länger der Lehrer Fixpunkt des Unterrichts, sondern der einzelne Schüler. Wir würden Lernerfahrung daran ausrichten, dass jeder Schüler diejenige Bildungsansprache erhält, die seinen persönlichen Fähigkeiten, Stärken und Talenten entspricht. Der Schultag jedes Schülers wäre unterschiedlich und maßgeschneidert an die jeweiligen Bedürfnisse angepasst. Lernen und Lehren würde einen one-to-one-Ansatz verfolgen.

Bei den vorgeschlagenen Ideen geht es nicht darum, dass Kinder sich alles Notwendige selbst beibringen, sondern dass der Wissensstoff nach Ebenen des Verstehens und Begreifens strukturiert ist und sie eine individuelle Betreuung erhalten. Bis vor Kurzem wäre ein solcher Unterricht illusorisch gewesen. Mit den bekannten Mitteln wäre für eine so individuelle Betreuung eine enorme Anzahl an Lehrkräften notwendig, was nicht nur an geringen Bildungsetats, sondern am bestehenden Lehrermangel scheitern würde. Moderne KI-gestützte Lernsysteme ermöglichen jedoch schon heute, Aufgaben und Lernerfahrungen an den Bedürfnissen und Fähigkeiten des einzelnen Schülers auszurichten. Adaptive Lernprogramme beinhalten keine starre Programmierung, die allen Schülern auf ähnliche Fehler die gleichen Lösungen anzeigen. Je nachdem wie ein Fehler gemacht wird, können Schüler individuelle Hilfestellungen erhalten. Komplexe Lösungswege und Verständnisprobleme werden auf Grundlage des jeweiligen Fehlers dargestellt und fehlendes Vorwissen gezielt wiederholt. Je nach Lerntyp und individueller Befähigung können Inhalte verschiedenartig vermittelt werden. Lern-Apps für Sprachen oder interaktive Tutoringprogramme für Mathematik zeigen bereits die Möglichkeiten auf. Auf Basis von Machine Learning kann Software bereits heute gezielt Aufgaben auswählen, die auf die individuellen Stärken und Interessen eines Schülers eingeht sowie den jeweiligen Lernstand berücksichtigt.

Der Lehrer wird auch in Zukunft dringend gebraucht. Jedoch nicht als drill instructor des Frontalunterrichts, der mit paternalistischer Strenge und gefürchteter Benotung für Disziplin im überfüllten Klassenzimmer sorgt. Der Archetyp des strengen Lehrers, wie ihn Heuss wohl noch kennenlernen musste, ist der Herrscher über das kollektivistische Lernen im

Klassenverband. Wie jeder Lehrer weiß, ist es im standardisierten Klassenzimmermodell kaum möglich, auf die individuellen Stärken und Schwächen, Vorlieben und Eigenheiten aller Kinder einzugehen. Der Lehrer der Zukunft hingegen ist ein Lerncoach, der den einzelnen Schüler unterstützt, die Lernziele im eigenen Tempo nach individueller Methode zu erreichen. Im Zentrum steht dabei die Vermittlung der Fähigkeit, Probleme zu lösen und sich das dafür notwendige Wissen eigenständig zu erschließen.

Fehler verlieren in der Schule der Zukunft ihren Schrecken. Sie sind nicht länger Grundlage einer schlechten Benotung oder mitleidvoller Blicke der Klassenkameraden, sondern legen durch individuelle Verbesserungsvorschläge die Basis für einen echten Wissenszuwachs. An die Stelle gefürchteter Abschlussklausuren treten dauerhafte Leistungsstanderhebungen, die dem Schüler, den Eltern und dem Lerncoach transparent den aktuellen Wissensstand aufzeigen und gezielte Verbesserungsvorschläge machen. Diese ständige Rückkopplung findet dauerhaft statt, ohne auf die „schlechte Note" in der Klassenarbeit warten zu müssen.

Wer glaubt, es würde sich dabei um wolkige Zukunftsszenarien handeln, die noch weit entfernt sind, der irrt. Die nächste Bildungsrevolution findet nur zurzeit nicht wie während der Industriellen Revolution in der „Alten Welt" statt, sondern in den aufstrebenden Digital-Ökonomien in Asien und Nordamerika. Ed-Tech (Educational Technology) unterstützt sowohl in China als auch in den USA bereits heute Schüler, Lehrer, Eltern sowie Schulverwaltungen. Schüler erhalten zum Beispiel in den USA durch den Einsatz von Technologie maßgeschneiderte Aufgaben, um Defizite aufzuholen und Wissenslücken zu schließen. Lehrer können anhand der Analyse der Lern-Apps den Lernfortschritt ihrer Schüler beobachten, gezielt Hilfestellung geben und sich mit Eltern über die Entwicklung der Kinder transparent austauschen. Schuladministrationen erhalten einen anonymisierten Überblick über die Entwicklungen von Schulen und können bei Defiziten schnell reagieren, um beispielsweise in Schulbezirken innerhalb sozialer Brennpunkte gezielte Maßnahmen zu ergreifen, bevor die Kinder – im schlimmsten Fall ohne Abschluss – von der Schule abgehen.

Künstliche Intelligenz (KI) und Lernplattformen lernen in diesem Zuge unsere persönlichen Stärken und Schwächen kennen, um bessere Bildungsangebote vorzuschlagen. Datensouveränität und Datensicherheit stehen hierzu nicht im Widerspruch. Ein Großteil der Analysen, insbesondere für die staatliche Verwaltung, kann auf anonymisierter Datengrundlage erfolgen, die keine Rückschlüsse auf Einzelleistungen zulässt. Auch zur Verbesserung der KI-Algorithmen werden keine personenbezogenen Daten benötigt. Datensätze können von der Einzelperson abstrahiert, pseudonymisiert zum Training der KI eingesetzt werden. Personenbezogene Daten wie Noten, Lernstand und Kompetenzbereich des einzelnen Schülers werden verschlüsselt und nachvollziehbar nur einem kleinen Personenkreis zugänglich gemacht: Schülern, Eltern und betreuenden Fachlehrern. Ed-Tech führt damit nicht zu einer dystopischen Überwachungswelt, sondern ermöglicht es im Rahmen unserer Rechtsordnung, Bildungsangebote hochgradig individualisiert anzubieten, um Kinder maßgeschneidert zu unterstützen, die eigenen Talente und Stärken zu entdecken.

Dass Bildungsinvestitionen zugleich Zukunftsinvestitionen sind, haben die großen Machtblöcke verstanden. In den vergangenen zehn Jahren haben sich die Investitionen in Ed-Tech-Start-ups vervielfacht. Enormes staatliches und privates Risikokapital wird in diesem Bereich eingesetzt, um auch in Zukunft die klügsten Köpfe im eigenen Land auszubilden und damit einen Wettbewerbsvorteil gegenüber den systemischen Konkurrenten auf der Weltbühne zu erarbeiten. Während wir uns in Europa nicht darauf einigen können, wie eine Lernplattform aussehen könnte, wird in anderen Weltregionen bereits an der digitalen Revolution der Bildung gearbeitet.

Diskussionen über das mehrgliedrige Schulsystem, das Bildungsideal, das Abschaffen von Noten und die Didaktik der Gruppenarbeit sind nicht die entscheidenden Fragen für die Zukunft des staatlichen Bildungssystems. Ebenso sind das Bereitstellen digitaler Endgeräte und der Einsatz von Medien im Unterricht nur der erste und einfachste Schritt auf dem Weg in ein Bildungssystem für die digitale Wissensgesellschaft des 21. Jahrhunderts.

Die zentrale Frage, ob wir es als Gesellschaft schaffen, Kinder auf eine noch unbekannte Zukunft in der digitalen Wissensgesellschaft vorzubereiten, wird sich daran entscheiden, ob und wie schnell es uns gelingt, mithilfe digitaler, KI-basierter Systeme ein schülerzentriertes Lernmodell zu etablieren, das zu einem weltweiten Vorbild für die Bildungsorganisation werden kann.

IV.

Wenn wir über die Zukunft der Schulen diskutieren, verengt sich häufig der Blick auf die Frage der methodischen Unterrichtung des Lernstoffs. Heuss erinnerte in einer Anekdote an seine eigene Schulzeit, wie er als junger Schüler zusammen mit fünf Freunden eine Eingabe an den Gemeinderat in Heilbronn herantrug, auch für die höheren Klassen des Gymnasiums einen Zeichenunterricht anzubieten. Von seinem damaligen Direktor herbeizitiert, wurde er gefragt, warum er die Eingabe unmittelbar an den Gemeinderat stellte, anstatt ihn, den Rektor, direkt anzusprechen. Der junge und schon damals forsche Heuss antwortete, die Bitte um einen Zeichensaal wäre bei ihm bloß liegenbleiben, da der Schulleiter das Zeichnen für zwecklos halte. Für den jungen Heuss war das Schöpferisch-Musische hingegen ein Ausweg „aus der Pedanterie des rein logisch unterrichteten Mitteilens von Stoff" im Schulalltag.[3]

Hätte der spätere Student Heuss eine moderne Studienberatung aufgesucht, man hätte ihm wahrscheinlich nahegelegt, nicht von Studienfach zu Studienfach zu irren, sondern endlich einen Abschluss zu machen. Doch gerade die Suche nach dem Schöngeistigen in unendlichen Wissenswelten ist es, was den Menschen Heuss nicht nur in jungen Jahren geprägt hat. In dieses Bild fügt sich die Erzählung über ihn, wie er auf der ersten Kultusministerkonferenz 1946, an der er als Minister für das Land Württemberg-Baden teilnahm, nach der Zukunft der deutschen Schulorganisation gefragt, den versammelten Kollegen entgegenhielt, er bekenne sich zum „Allotria, zum Spieltrieb der Jugend zu den unnützen Dingen" als wesentlichem Element der Charaktererziehung. Für die Zeitgenossen von Heuss besaß der Begriff der Allotria eine schulmeisterliche Konnotation und bedeutete so viel wie „Unfug". Für ihn jedoch befruchtete das Beobachten das eigene Denken und war Grundlage seiner assoziativen Gedankengänge. Für den späteren Bundespräsidenten war diese Andersartigkeit des Zugriffs der Schlüssel für das Verständnis seiner Zeit.

Die Wirkmacht Heuss' formierte sich aus seiner bewundernswerten Fähigkeit, wie er es selbst nannte, „den Rhythmus der Zeit" zu erkennen und in diesem Takt mit melodischer Leichtigkeit zu spielen. Von Adenauer gefragt, wie sein Programm für die Bundespräsidentschaft aussehe, entgegnete Heuss, er wolle es mit einem Wort umschreiben: „Entkrampfung". Zusammengenommen bilden beide Begriffe den Rahmen seines Politikverständnisses. Diese Heuss'sche Leichtig-

---

[3] Heuss, Lob der Schule, in: Bott (Hrsg.), Theodor Heuss – Reden an die Jugend, Tübingen 1956, S. 25, 30.

keit sollte uns auch bei dem Gespräch über die Zukunft der Bildung nicht verloren gehen.

Von unserem heutigen Standpunkt aus betrachtet, war Heuss damit seiner Zeit voraus, wenn er Bildung und Klugheit nicht auf schulbuchartiges Wissen begrenzte, das vom Schreibtisch aus erlernt werden kann, sondern Erkenntnis in der Offenheit des Denkens suchte und hierin den Kern wahrer Bildung erblickte. Die individuellen Fähigkeiten und Interessen des Menschen bilden den Nukleus einer umfassenden Bildung, die über die althergebrachte Unterscheidung des Schönen und des Nützlichen hinausgeht. Für unser Thema bedeutet diese Einsicht, das Kind und nicht die Schule in das Zentrum der Überlegungen zu stellen.

Damit fördert die Freiheit aber
nicht die Gleichheit, sondern die
höchst individuelle Entfaltung
der Persönlichkeit gerade in dem,
worin die Menschen ungleich
sind und sich durch diese Bildung
noch ungleicher machen.

Norbert Bolz

Der Kaiser ist nackt

*Das Verhältnis zwischen Bürgern
und Staat muss neu austariert werden
Von Roland von Hunnius*

Vorbemerkung: Während ich diesen Beitrag verfasse, gibt es in der öffentlichen Diskussion nur ein Thema – Corona. Um die größten Probleme, die von der Pandemie und den Pandemie-Schutzmaßnahmen verursacht werden, zu mildern oder zumindest deren Höhepunkt hinauszuzögern, hat der Staat seine Geldschleusen geöffnet. Begriffe wie „Schuldenbremse" oder „schwarze Null" erscheinen antiquiert. Zu fragen, ob die Mittel zielgerichtet eingesetzt werden, was sie bewirken, ob vor der Entscheidung Alternativen erwogen wurden und wie es um die Effizienz steht, gilt schon als verräterisches Zeichen von Menschen, die ihre Leugnung der Pandemie als Kritik an der Strategie tarnen. Getreu dem Motto „Wer bietet mehr?" werden Millionen, Milliarden, Billionen Euro – von Bund, Ländern und der Europäischen Union – zugesagt und verausgabt. Geld, das nicht vorhanden ist und das auf mittlere Sicht von denen finanziert werden muss, die es kurzfristig erhalten. Schulden zu machen, gilt als moralisch, Schulden zu vermeiden, als fragwürdig und hinterwäldlerisch. Aus dieser Sicht scheint mein Beitrag geradezu „aus der Zeit gefallen". Ich schreibe ihn trotzdem, weil ich überzeugt bin: Das fröhliche Schuldenmachen des Staates mag in Corona-Zeiten unvermeidlich sein – es darf aber in normalen Zeiten nicht

das Verhältnis der Bürger zu ihrem Staat prägen. Ludwig Erhard hatte recht, als er sagte: „Es gibt keine Leistungen des Staates, die sich nicht auf Verzichte des Volkes gründen". Und Milton Friedman hatte ebenfalls recht: „Wirtschaftstheorie in einem Satz zusammengefasst: Man kann nicht essen, ohne zu bezahlen."

„Gar nicht". Die Antwort kam prompt und überraschte das Publikum. Erteilt wurde sie von einem der fünf „Wirtschaftsweisen", einem angesehenen Mitglied des Sachverständigenrats zur Begutachtung der gesamtwirtschaftlichen Entwicklung. Gefragt hatte ein Besucher, wann denn die überbordenden Schulden des Staates getilgt werden. Der Dialog fand statt auf einer öffentlichen Talkrunde, in der es darum ging, ob es sich bei der zu diesem Zeitpunkt gerade überstandenen Finanzkrise um Staats- oder um Marktversagen gehandelt habe. Der Professor meinte, solange die öffentliche Verschuldung nicht stärker steige als die Wirtschaftsleistung, mithin der Anteil der Gesamtverschuldung am Bruttoinlandsprodukt (BIP) auf gleichem Niveau verharre, sei alles ok und die Staatsschulden könnten ruhig Jahr für Jahr steigen.

Dass Bund und Länder in Summe ihre Schulden nicht tilgen, sondern bei Fälligkeit lediglich immer wieder umschulden und bei dieser Gelegenheit gleich noch neue aufnehmen, ist – von vereinzelten, spätestens seit der Corona-Pandemie jedoch überwundenen, Ausnahmen abgesehen – leider zutreffend. Tilgt er tatsächlich, dann ist der zurückgezahlte Betrag so gering, dass von einer wirklichen „Entschuldung" nicht die Rede sein kann. Aber, wie gesagt, sogar diese sehr langfristige Perspektive ist seit Corona passé. In der gegenwärtigen Situation des Kapitalmarktes mit Zinsen um null Prozent ist es noch verlockender und bringt den Finanzministern wesentlich weniger Ärger bei der Bevölkerung ein als eine Steuererhöhung zum gleichen Zweck oder gar – welch grauenhafte Vorstellung – eine Ausgabensenkung.

Die Beurteilung von Schulden nur als Prozentanteil des BIP ist jedoch eine beschönigende und verharmlosende Sichtweise. Das wird am Beispiel des Landes Hessen deutlich, das früher und konsequenter als andere Bundesländer sein Rechnungswesen auf kaufmännische Buchhaltung umgestellt hat und dessen Finanzen besonders transparent sind. Die Vermögensrechnung des Landes weist per Ende 2019 einen „nicht durch Eigenkapital gedeckten Fehlbetrag" in Höhe von stolzen 120,1 Milliarden Euro aus. Wäre das Land Hessen ein Unternehmen, erhielte es längst keinen Cent Kredit mehr und müsste Insolvenz beantragen. Als Staat jedoch geht es irgendwie immer weiter. Ein anderes hessisches Beispiel: Die „Rückstellungen für Pensionen und ähnliche Verpflichtungen", also für die Altersruhegelder der Landesbeamten, sind per Ende 2019 mit 93,1 Milliarden Euro ausgewiesen. Ihnen steht auf der Aktivseite der Bilanz ein „Sondervermögen Versorgungsrücklage" von ganzen 3,7 Milliarden Euro gegenüber.

Alte Schulden, neue Schulden

Das Spiel „alten Kredit tilgen, gleichzeitig neuen – größeren – Kredit aufnehmen" ist höchst gefährlich. Es funktioniert mit Ach und Krach, solange es genügend Gläubiger gibt, die Kredit gewähren, also staatliche Obligationen kaufen. Das tun sie nur, wenn sie an die Bonität und Solvenz des Staates glauben. Haben sie daran Zweifel, muss der Staat höhere Zinsen bieten. Glauben sie gar nicht mehr an die Schuldentragfähigkeit des Staates, legen sie ihr Geld lieber in Immobilien, Aktien oder Edelmetallen an, und der Staat muss sich anderswo finanzieren. Tut er es bei der Deutschen Bundesbank, beißt sich die Katze in den Schwanz; denn hinter der Bundesbank steht wieder der Staat, also der Steuerzahler. Wie absurd die Situation inzwischen ist, wird an einer Feststellung überdeutlich, die im Wirtschaftsmagazin „Der Steuerzahler" (Ausgabe 3/2021) zu finden ist: „Mittlerweile ist die Bundesbank der mit Abstand größte Einzelgläubiger des deutschen Staates". Der Kreditanteil der Bundesbank weist eine beunruhigende Dynamik auf: Lag er einst noch bei weniger als 1 Prozent, ist er aktuell zwanzigmal so hoch und steigt weiter. Der Staat nimmt also immer mehr Schulden bei sich selbst auf. Das könnte man „Zwangsanleihen durch die Hintertür" nennen.

Es gilt, was seit David Ricardo (1772–1823) bekannt sein sollte: „Die Schulden von heute sind die Steuern von morgen". Um das Bild aus der Wirtschaft aufzugreifen: Die Steuerzahler stellen, ohne es zu wissen, dem Staat eine Patronatserklärung aus, die bei Bedarf auf dem Weg über höhere Steuern eingelöst wird. Dabei ist Deutschland noch der Einäugige unter Blinden. Frankreich, Italien, Spanien, Griechenland... befinden sich schon heute in der Situation, die Deutschland bevorsteht, wenn sich nichts Grundlegendes ändert. Sie alle profitieren von den künstlich durch die EZB niedrig gehaltenen Zinsen und setzen auf eine Vergemeinschaftung ihrer Schulden – eine fragwürdige Lösung, die zudem voraussetzt, dass Deutschland relativer Stabilitätsanker bleibt. Bund und Länder sind aber gerade dabei, diese Rolle zu verspielen.

Alex Möller (1903–1985), SPD-Finanzminister im Kabinett Brandt/Scheel, trat 1971 von seinem Posten zurück, als er feststellte, dass die Ausgabewünsche seiner Ministerkollegen den von ihm definierten Rahmen sprengten. Ein so konsequentes Verhalten hat seitdem keiner seiner Nachfolger mehr gezeigt. Leider.

Schuldenbremse – Gewähr für solide Landeshaushalte?

Wie das? In Artikel 141 der Hessischen Verfassung heißt es doch: *„Der Haushalt ist ungeachtet der Einnahmen- und Ausgabenverantwortung des Landtags und der Landesregierung grundsätzlich ohne Kredite auszugleichen.“*

Eben: „grundsätzlich“. Es gibt Ausnahmen für dringende Notfälle.

Gut gedacht, schlecht gemacht:

In Hessen hat die Schuldenbremse in einer Volksabstimmung eine Zustimmung von 70 % erhalten. Im Zuge von Corona – aber nicht auf Corona beschränkt – wird diese Schuldenbremse inzwischen jedoch zur Disposition der jeweiligen Parlamentsmehrheit, also der Regierungskoalition, gestellt. Das funktioniert so: Die Schwelle, die genommen werden muss, um in Ausnahmefällen die verfassungsmäßige Schuldenbremse befristet auszusetzen, wurde zugunsten der professionellen Schuldenmacher umdefiniert. Erforderlich ist inzwischen nicht mehr eine 2/3-, sondern nur noch eine einfache Parlamentsmehrheit, und schon ist die Schuldenbremse aufgehoben. Sie existiert also faktisch nicht mehr. Nicht genug: Ein Nebenhaushalt von 12 Milliarden Euro, beschlossen unter dem Motto „Corona“, ist gut für den Ausgleich von Pandemieschäden, aber auch für vieles andere, was der Regierung frommt. Mit diesem geliehenen Geld lassen sich trefflich Wahlgeschenke finanzieren, ohne dass sich der Landtag dagegen wehren könnte.

Nicht zu vergessen: Selbst wenn die verfassungsmäßige Bremse der Neuverschuldung eingehalten würde, bleibt da noch der Berg an Altschulden, den irgendjemand irgendwann abtragen müsste. Irgendjemand irgendwann. Die Verbindlichkeiten des Landes Hessen beliefen sich Ende 2019 auf 62 Milliarden Euro. Das waren ganze 15 Millionen Euro weniger als ein Jahr zuvor. In Prozenten ausgedrückt: Die Tilgung belief sich in 2019 auf 0,02 % des Schuldenstandes. Bliebe es bei dieser jährlichen Tilgungsleistung, wäre Hessen in schlappen 5.000 Jahren schuldenfrei. Selbst dies ist allerdings illusorisch. Denn das Land ist längst zur alten Unsitte der laufenden Aufnahme neuer Kredite zurückgekehrt und tilgt in Summe gar nicht mehr. Dabei ist Hessen eines der wirtschaftsstärksten Bundesländer. Wir stellen fest: der anfangs zitierte Wirtschaftsweise hatte mit seiner Behauptung recht. Ob man diesen Zustand, wie er es tat, auch noch gut finden soll, steht allerdings auf einem anderen Blatt.

Wer tilgt und was ist der Tilgungsbetrag wert?

Irgendjemand muss irgendwann den Schuldenberg abtragen, haben wir gerade festgestellt. Aber wer und wann? Scheiden wir den brutalsten Weg eines Staatsbankrotts aus, bei dem die Schulden zum Verschwinden gebracht werden, indem die Gläubiger teilenteignet werden, indem ihnen ein Forderungsverzicht aufgezwungen wird, bleiben zwei Wege, die zum gewünschten Ziel, den Staat von Altschulden zu befreien, beschritten werden. Beide gehören seit jeher zum Instrumentarium der Wirtschafts- und Finanzpolitik:

1. Die Staatsschulden werden durch gesamtwirtschaftliches Wachstum „relativiert". Tilgung und Zinsen werden aus dem durch das Wachstum generierte zusätzliche Steueraufkommen aufgebracht. Das funktioniert – aber nicht entfernt in dem erforderlichen Umfang. Die Mini-Teiltilgung hessischer Staatsschulden (s.o.), zudem in einem keineswegs typischen Boomjahr, zeigt es überdeutlich.

2. Die Staatsschulden werden durch Inflation entwertet. Wer einst eine Anleihe über 1.000 € gezeichnet hat, erhält bei Ablauf 1.000 € nominal zurück, nur, dass die 1.000 € zum Tilgungszeitpunkt real – also unter Berücksichtigung der zwischenzeitlich erfolgten Preisniveausteigerung (Inflation) – nicht mehr 1.000 €, sondern erheblich weniger wert sind. Nicht umsonst hat die EZB ihr Inflationsziel längst aufgeweicht: von „0 %" auf „unter 2 %", auf „um 2 %", auf „2 % im langfristigen Durchschnitt", auf „eine Periode mit über 2 %, wenn eine Periode mit unter 2 % folgt".

Wie wirkt die Schuldenbremse im Bund?

Die Situation in Hessen ist typisch für Bund und Länder. Auch das Grundgesetz enthält eine Regelung zur Schuldenbremse:

*„Einnahmen und Ausgaben sind grundsätzlich **ohne Einnahmen aus Krediten** auszugleichen. Diesem Grundsatz ist entsprochen, wenn die Einnahmen aus Krediten 0,35 vom Hundert im Verhältnis zum nominalen Bruttoinlandsprodukt nicht überschreiten."* (Art. 141 Abs. 1 GG)

Eben: „grundsätzlich". Es folgen im Grundgesetz noch Bestimmungen über Ausnahmen, konjunkturell bedingte Verschuldung etc. Den Regelungen im Grundgesetz gingen lange und zähe Verhandlungen voran. Zweifellos ist das generelle Verbot der Neuverschuldung ein großer verbaler Fortschritt. Vom beabsichtigten Paradigmenwechsel der öffentlichen Haushaltspolitik kann jedoch leider keine Rede sein. Zuletzt war die Pandemie für die Regierungskoalition der Anlass, sich im Zeichen der bevorstehenden Bundestagswahl zusätzlich reichlich kreditfinanzierte Munition zu genehmigen.

Der Staat lebt „von der Hand in den Mund", und das seit Jahrzehnten. Was sind die Ursachen?

Knappe Mittel

Obwohl Deutschland ein reiches Land ist, hapert es an allen Ecken und Enden. Gefordert werden beispielsweise – je nach politischer Einstellung mit unterschiedlicher Gewichtung – mehr und wesentlich besser entlohnte Pflegekräfte in Altenheimen und Kliniken, sachlich und finanziell besser ausgestattete Kliniken, mehr Mitarbeiter in den Gesundheitsämtern, mehr Mitarbeiter in den Jugendämtern, mehr Plätze und mehr Betreuungspersonal in Frauenhäusern, mehr und besser ausgebildetes Lehrpersonal an Schulen, mehr Schulpsychologen, mehr Studienplätze an Hochschulen, mehr Polizeibeamte, mehr Lebensmittelkontrollen, mehr Geld für die Bundeswehr, mehr Geld für Spitzenforschung, umfassende Digitalisierung von öffentlicher Verwaltung und Bildungswesen, mehr Geld für Hartz-IV-Bezieher, mehr Mittel für die Entwicklungszusammenarbeit ... Die Liste lässt sich beliebig fortsetzen. Jeder einzelne dieser Wünsche ist sehr gut begründet. Die meisten teile ich.

Das Ärgerliche daran ist: Zu ihrer Erfüllung braucht der Staat mehr Einnahmen, als ihm zur Verfügung stehen. Auch wenn das Steueraufkommen im Zuge von Wirtschaftswachstum, Inflation und hier und da Tarifanpassungen steigt – es ist nicht ausreichend, um den Anforderungen gerecht zu werden. Auch öffentliche Finanzen kommen nicht an einer Tatsache vorbei: Die Wünsche und Bedürfnisse sind grundsätzlich unbegrenzt, sie stoßen aber auf begrenzte Ressourcen.

Nicht alles ist gleich wichtig oder gar dringend

Wir Bürger sind es in unserem Privatleben gewohnt, ökonomische Wahlentscheidungen zu treffen. Was will ich mir leisten? Was kann ich mir in diesem Jahr nicht, was vielleicht überhaupt nicht leisten? Was ist wichtig? Was ist dringend? Was ist wichtig und dringend? Anders gesagt, wir bilden Prioritäten. Kein Wunder. Uns fehlt privat die Möglichkeit der einfachen Mittelbeschaffung durch Steuern oder zur Kreditfinanzierung ohne Sicherheiten. Beim Staat könnte das genauso funktionieren. Tut es aber nicht. Der Grund: Es fällt der Politik ungemein schwer, eine Prioritätenentscheidung zu treffen. Denn wer ein bestimmtes Anliegen – zum Beispiel die Einstellung von Lehrern – vorzieht, muss Anderes zurückstellen: etwa die Schaffung zusätzlicher Studienplätze. Eine solche Entscheidung wäre finanzpolitisch möglicherweise sinnvoll. Sie würde aber von den betroffenen Studierenden und deren Eltern nicht akzeptiert.

1. Einen neuen Bedarf anzuerkennen und dafür staatliche Ressourcen bereitzustellen, fällt Politikern wesentlich leichter, als Mittel zu kürzen oder zu streichen, die ihren Zweck erfüllt haben und bei Licht besehen nicht mehr benötigt werden. Das erste wird bejubelt, allenfalls mit dem Ruf nach „mehr" sanft kritisiert; das zweite stößt auf lebhafte Gegenwehr und laute Proteste. Prioritäten zu setzen, macht nur bei den „Priorisierten" beliebt, bei den in die zweite Reihe Gerückten macht es unbeliebt – wer will das schon riskieren? Deshalb folgen viele politisch Verantwortliche dem Schlagertext „Ich will alles, und zwar sofort" (Gitte Haenning 1982) – liefern aber letztlich weder alles, noch das Wenige sofort.

2. Jede Ebene erhebt Anspruch auf Lob. Deshalb kann sich das Land nicht darauf beschränken, Wohltaten des Bundes zu begrüßen. Nein – fördert der Bund KiTas mit einem eigenen Programm, tut dies das Land ergänzend ebenfalls. Fördert der Bund Schulbau und -sanierung, kann das Land nicht tatenlos zusehen. Unterstützt der Bund den Ausbau

von IT-Breitbandnetzen, muss das Land eigene Programme auflegen. Das gilt natürlich auch umgekehrt und in gleicher Weise für das Verhältnis der EU zu Bund und Ländern. Gutgemeinte Mehrfachförderung, teils zu unterschiedlichen Bedingungen, schlecht (wenn überhaupt) abgestimmt und in jedem Fall vermeidbare Zusatzkosten sind die Folge.

3. Reicht das Geld nicht für effektive Politikgestaltung, greift die Politik gern zu symbolischen Handlungen, die Ressourcen verschlingen, die anderswo besser eingesetzt würden. Eine Vielzahl von Preisen, kleinen Wettbewerben und symbolischen Wohltaten geben Ministern und hohen Beamten die Chance, sich vor Ort mit Urkunde und Scheck zu präsentieren und Gutes – und dabei sich selbst – im rechten Licht darzustellen. Im schlimmeren und kostenträchtigeren Fall werden Investitionen in Multi-Millionen-Größenordnung getätigt, von denen alle halbwegs Kundigen ahnen, dass sie sich nicht rechnen werden. Dass sie trotzdem stattfinden, hat einen simplen Grund: Sie sind Symbole für bestimmte politische Versprechen. Besonders beliebt sind Regionalflughäfen. So gut wie alle waren bisher Flops. Das weiß auch, wer einen neuen baut, um der Region zu zeigen, wie gut es die Landesregierung mit ihr meint.

4. Lange Genehmigungsverfahren haben zur Folge, dass Vorhaben weit mehr kosten, als ursprünglich angenommen. Sie werden trotzdem nicht gestoppt, sondern, wenn sie einmal begonnen sind, nach dem Motto „Augen zu und durch" fortgeführt. Die Elbphilharmonie kostete letztlich elf mal so viel, wie bei der Go-Entscheidung angenommen. Der Bau wurde ebenso wenig abgebrochen wie die Errichtung des Flughafens BER, dessen Kosten „nur" auf das Dreieinhalbfache stiegen.

Der Lösungsweg zur Überbrückung der Diskrepanz zwischen Wünschen und Können heißt nur allzu oft „Kredit". Dabei unterscheidet sich öffentliche Verschuldung aber von der privaten in drei wesentlichen Punkten, was die Entscheidung pro Kredit und contra Leistungseinschränkung zusätzlich beflügelt:

1. Der Staat – zumindest der deutsche – erhält (noch) fast jeden gewünschten Kredit, und zwar ohne besondere Sicherheiten.

2. Der Zinssatz, den er dafür entrichten muss, liegt meist meilenweit unter dem Satz, mit dem Private rechnen müssen.

3. Um die Rückzahlung macht sich der Staat in der Regel keine Sorgen. Sie wird einfach auf den Sankt-Nimmerleinstag verschoben. So kommt bei Bund, Ländern und Kommunen eine Billionensumme an Schulden zusammen, die von Jahr zu Jahr wächst.

Dies ist ein reichlich unsinniges und verantwortungsloses Spiel. Es funktioniert noch immer, weil Wählerinnen und Wähler die Politik mit Stimmentzug abstrafen, sobald sie meinen, irgendein Bedarf werde nicht ausreichend berücksichtigt. Unterstützt werden sie dabei von den Medien, die jeden Tag eine neue Lücke finden, die unbedingt und sofort mit Staatsgeld geschlossen werden muss. Geht die Politik jedoch den einfachen Weg, es allen recht machen zu wollen, und nimmt immer mehr Schulden auf, finden dies zwar alle Befragten „eigentlich" schlecht. Im Zweifel nehmen sie aber lieber neue Staatsschulden in Kauf, als auf staatliche Leistungen zu verzichten. Soll doch etwas Anderes zurückgestellt oder das fehlende Geld bei den „Reichen" eingetrieben werden. Und im Übrigen: „Dafür" (je nach Standpunkt also Lehrer, Studienplätze, Hartz IV oder Krankenpfleger) „muss doch Geld da sein."

Der Schulden-Himalaja lässt sich nur mit einer von drei Methoden abtragen: Die Schuld muss entweder von künftigen Generationen getilgt, durch Inflation entwertet oder durch Staatsbankrott vernichtet werden. Darauf zu hoffen, dass sich die Staatsschulden durch Wirtschaftswachstum von allein „auswachsen", ist angesichts der inzwischen erreichten Schulden-Größenordnung unrealistisch. Das sind keine rosigen Aussichten.

Es hilft kein Leugnen: Die Leistungsfähigkeit des Staates wird permanent überfordert. Ökonomische Gesetzmäßigkeiten lassen sich leider nicht – weil sie als unpassend empfunden werden – außer Kraft setzen oder wegdiskutieren. Irgendwann verlieren die Gläubiger des Staates ihr Vertrauen in dessen Bonität. Dann droht der Kollaps. Im Hauruckverfahren und mit unerwünschten sozialen Konsequenzen muss nachgeholt werden, was über Jahrzehnte versäumt wurde: die Anpassung der Wünsche an die Möglichkeiten. Griechenland, Portugal, Belgien, Irland, Spanien, Frankreich, Italien und weitere lassen grüßen.

Kann der Staat seine Verschwendung stoppen?

Es stimmt. Durch eine schlankere und effizientere Verwaltung ist noch manches einzusparen. Doppelstrukturen, Ressortegoismus, die Staatssekretärs-Inflation in der Bundesregierung, der deutsche Genehmigungsfanatismus, die perfektionistische Bürokratie – alles dies muss abgeschafft oder überwunden werden. Es wird aber nicht ausreichen, um das Problem des überforderten Staates zu lösen.

Wir stehen vor der Wahl: Entweder wir schrauben unsere Ansprüche an den Staat drastisch zurück und verzichten auf lieb gewordene Leistungen, seien es Umgehungsstraßen, Hallenbäder oder die Erhöhung von staatlichen Transferleistungen. Oder – wenn es in dieser Frage keinen Konsens gibt – wir müssen den Staat finanziell in die Lage versetzen, die Aufgaben, die wir ihm zumuten, zu erfüllen. Das bedeutet im Klartext höhere Steuern, Abgaben, Gebühren und Beiträge.

Wer zusätzliche Staatsverschuldung ablehnt, aber den Staat auch nicht mit mehr Eigenmitteln ausstatten will, muss sich entscheiden, teilweise selbst eigenverantwortlich an die Stelle des Staates zu treten.

Wäre das so schlimm?

Im Grundsatz soll der Staat nur die Leistungen erbringen, zu denen die Bürger nicht in der Lage sind oder die besser zentral wahrgenommen werden. Dies hat sich teilweise längst ins Gegenteil verkehrt. Wer Wasser im Keller hat, ruft die Feuerwehr. Erst wenn diese nicht schnell genug kommen kann, greift der Hausbesitzer selbst zum Eimer. Stellen wir fest, dass es an einer bestimmten Stelle eine Verkehrsgefährdung wegen überhöhter Geschwindigkeit gibt, fahren wir nicht etwa langsamer, sondern fordern eine Geschwindigkeitsüberwachung durch die Polizei. Verliert ein Verwandter seinen Job, helfen wir ihm nicht etwa mit einem Privatkredit über die schwere Zeit, sondern verlangen, dass die Agentur für Arbeit schnellstens ihre Zahlungen aufnimmt. Ist die Fassade einer Schule mit Farbe verunziert, wird sich kaum ein Hausmeister dazu herablassen, den Schaden mit Pinsel und Farbe zu beseitigen, sondern er wird über die Schulverwaltung den Schulträger informieren, der dann seinerseits einen Maler beauftragt – oder auch nicht, weil das Geld in der Kasse fehlt.

Dies sind nur einige willkürlich herausgegriffene Beispiele, die zeigen, wie bequem wir es uns in unserem für alles verantwortlichen Staat eingerichtet haben. Wer ständig nach dem Staat ruft, darf sich nicht beklagen, wenn sich der Gerufene in immer mehr private Belange einmischt und seine Bürger „fürsorglich bevormundet". Jede staatliche Leistung ist für deren Begünstigte auch ein Verlust an eigener Gestaltungsmöglichkeit, also an Freiheit.

Wäre es so schlimm, wenn wir uns wieder ein bisschen mehr auf uns besinnen und mit der Reihenfolge „Privat vor Staat" ernst machen würden? Nein – im Gegenteil. Wer seinen Keller selbst trockenlegt, achtet auf gute Drainage. Wer selbst langsamer fährt, gibt ein Beispiel und verschafft der Polizei Zeit für wichtigere Aufgaben. Wer einen in Not geratenen Verwandten unterstützt, hilft schneller, als das irgendeine Behörde tun könnte. Und wer die Hauswand selbst reinigt, achtet bestimmt besonders streng darauf, dass sie nicht wieder beschädigt wird.

Dies wäre kein Rückzug des Staates. Aber es wäre eine heilsame Rückbesinnung darauf, was jedem Einzelnen zuzumuten ist und wofür er auf den Staat angewiesen ist.

Der Staat kann nicht alles leisten, was seine Bürger von ihm fordern. Uneinsichtigkeit von Bürgern und Machbarkeitsphantasien von Politikern haben Bund, Länder und Kommunen in die finanzielle Sackgasse manövriert. Wenn wir weitermachen wie bisher, drohen griechische Verhältnisse. Um aus der Sackgasse herauszukommen, reicht es nicht, das Tempo zu verringern. Man muss das Steuer herumwerfen und wenden.

Diese Wende kommt nur zustande, wenn jeder von uns bereit ist, gesellschaftliche Aufgaben zu übernehmen, die wir bisher dem Staat zumuten. Die legendäre Aufforderung von Präsident Kennedy ist aktueller denn je: „Frage nicht, was dein Land für dich tun kann. Sondern frage, was du für dein Land tun kannst." Wir müssen nur wollen und die Kraft besitzen, den Schritt vom Willen zur Tat zu schaffen.

... UND LASSEN WIR UNS DIE
FREIHEIT NICHT AUSREDEN, DIE ALL
DENEN IMMER UNBEHAGLICH IST,
UNERTRÄGLICH SEIN WIRD, DENEN
MACHT UND GEWALT ÜBER DIE
FREIHEIT ANDERER ALLES GILT.

JÜRGEN PONTO

Alles Recht ist Menschenwerk,
für seine Setzung, seinen Vollzug
und seine Auslegung sind immer
Menschen verantwortlich.
Nie geschieht Recht von selbst.
Stets ist es angewiesen auf
Persönlichkeiten, die seine
Verwirklichung zu ihrer Sache
machen.

Andreas Vosskuhle
Richter am Bundesverfassungsgericht 2008–2020,
2010–2020 dessen Präsident

Von der Kraft der Freiheit

Emmy Diemer-Nicolaus und Grete Kletke
Von Birgit Grüner

Emmy Diemer-Nicolaus
Von einer, die sich das Denken und Kämpfen nicht abnehmen ließ

Die Bundestagsabgeordnete Emmy Diemer-Nicolaus erregte einiges Aufsehen, als sie am 15. Juni 1965 den Antrag stellte, die Rolle der Frauen im Zweiten Weltkrieg zu untersuchen, die bei der Wehrmacht ihren Dienst getan hatten.[1]

Damit kratzte sie an einem Tabu. Das Bild der im Dienste der Menschlichkeit aufopferungsvoll pflegenden Frau durfte nicht angetastet werden. Dass sie in ein Wespennest stach, zeigte die Reaktion Hermann Höcherls. Innenminister Höcherl (CSU) lehnte jegliche Recherchen ab und begründete die Ablehnung des Antrags damit, dass nicht mehr genügend Material zur Aufarbeitung zur Verfügung stünde. Damit war das Thema aus scheinbar objektiven Gründen vom Tisch.

Es war eine verpasste Chance zur kritischen Auseinandersetzung mit der nationalsozialistischen Vergangenheit jenseits bloßer Schuldzuweisungen.

Auch unter den Liberalen gab es Frauen, die eine Auseinandersetzung mit der NS-Vergangenheit scheuten und den Männern die Alleinschuld an dem Desaster zuschoben.

---

[1] Erst im Jahr 2016 wurde dieses Thema von Ludger Tewes in seinem Buch „Rotkreuzschwestern. Ihr Einsatz im mobilen Sanitätsdienst 1939–1945", aufgearbeitet. Tewes weist darauf hin, dass Emmy Diemer-Nicolaus als erste dieses Thema aufarbeitungswürdig fand.

Anders Marie-Elisabeth Lüders. Das liberale Urgestein Lüders, die große Förderin von Emmy Diemer-Nicolaus, sah nicht die Alleinschuld der Männer. Sie entließ Frauen nicht aus der Verantwortung, systemstabilisierend gehandelt zu haben.

Im Nationalsozialismus war der Verzicht der Frauen auf selbstverantwortliches Denken ein Teil der Ideologie.

Lüders sah Frauen nicht nur als Opfer des Systems, sie sah auch ihr mangelndes politisches Interesse.

Wie man Voraussetzungen schaffen kann, um Unfreiheit und Diktatur unmöglich zu machen, wurde in den Frauenverbänden kontrovers diskutiert. Es kam auch zum Rauswurf aus den liberalen Frauenverbänden, wenn Verstrickungen in Form von Denunziantentum oder Ähnlichem nachgewiesen werden konnten. Diese Frauen wurden von ihren Parteiämtern entbunden.

Es ist nur eine genuin liberale Widerstandsgruppe gegen den Nationalsozialismus bekannt: die „Robinsohn-Strassmann-Gruppe". Verbindungen zu dieser Gruppe von Politikerinnen, die nach dem Krieg der FDP angehörten, gab es allem Anschein nach nicht.

Der Erwerb von politischer Bildung und der Wille, politische Verantwortung zu übernehmen, war auch für Emmy Diemer-Nicolaus ein Anliegen – und es sollte ihrer Meinung nach ein Anliegen aller Frauen sein.

Wer war diese Frau, die sich nicht scheute unbequeme Fragen und unbequeme Anträge zu stellen?

Gießen – Stuttgart – Bonn

Emmy Diemer-Nicolaus wurde am 31. Januar 1910 in Gießen geboren. Sie gehörte der FDP/DVP[2] an.

---

[2] Es handelt sich um die baden-württembergische Nachkriegs-DVP.

Zu dieser Zeit galt ein uneingeschränktes patriarchales Ehe- und Familienrecht.

Bis 1908 war Frauen die Teilnahme an politischen Versammlungen, sowie auch die Mitgliedschaft in einer politischen Organisation überhaupt verboten. Der Bund Deutscher Frauenvereine hatte zu dieser Zeit schon 34 Vereine hervorgebracht, die sich nicht nur für eine Verbesserung in der Ausbildung und Berufsmöglichkeiten von Frauen, sondern auch für deren Wahlrecht und die Gleichstellung von Mann und Frau einsetzten.

Davon war man noch weit entfernt.

Die Familie Nicolaus war eine bürgerliche Gießener Familie. Emmy wurde in der Kaiserzeit geboren. Der Vater war ein angesehener Architekt, der um die Jahrhundertwende eine Häusergruppe errichtete, die heute unter Denkmalschutz steht. 1914 wurde der Vater eingezogen und musste im Ersten Weltkrieg kämpfen. Das kleine Mädchen Emmy kannte den Vater zunächst nur von Heimaturlauben. In der Weimarer Republik war er Stadtverordneter und Fraktionsvorsitzender der stresemannschen DVP[3] im Stadtparlament.

Man könnte meinen, dass ihr ein typisches Frauenschicksal einer Tochter aus „Gutem Hause" bevorstand.

Der Vater politisch aktiv, wirtschaftsliberal denkend, nahm seine Tochter zu politischen Veranstaltungen mit, wie auch zum Schachspielen und zum Schießen. Der Vater war für sie das politische Vorbild. Dementsprechend wählte sie wie ihr Vater in der Republik von Weimar die DVP.

Sie brach mit 16 Jahren die Schule ab und verlobte sich. Zu dieser Zeit war eine verlobte Schülerin ein No-Go. Sie heiratete mit 20 Jahren, gerade einmal ausgebildet in Hauswirtschaft.

---

[3] Deutsche Volkspartei. Sie repräsentierte den politischen Liberalismus zwischen 1918 und 1933. Prominentester Politiker der DVP war Gustav Stresemann.

Nach dem Unfalltod ihres Mannes holte sie das Abitur nach. Die Erfahrung mit einer kleinen Tochter ohne Ausbildung dazustehen, wirkte prägend.

Sie begann Jura zu studieren und war damit eine von drei Frauen an der juristischen Fakultät Gießen.

Zur Zeit der Machtergreifung Hitlers war sie eine 23jährige alleinerziehende Witwe, zu alt für eine Jugendorganisation. Für den Studentenbund hatte sie das falsche Geschlecht. Von NS-Organisationen hielt sie sich fern. Dadurch hatten die Nationalsozialisten keinen Zugriff auf sie.

Nach der Machtergreifung Hitlers gab es für Frauen keine Möglichkeit ein Richteramt zu bekleiden oder eine Zulassung als Rechtsanwältin zu bekommen. So studierte sie außerdem Volkswirtschaft, Betriebswirtschaft, Versicherungsmathematik und Finanzwissenschaft.

1937 schloss sie ihr Studium ab. Sie erwarb ein ungewöhnliches Diplom, das des Versicherungstechnikers der Verwaltungsklasse I und arbeitete in der Privatwirtschaft, zuerst bei der IG Farben in Ludwigshafen. Später bekam sie eine Anstellung bei der Württembergischen Feuerversicherung und zog 1940 nach Stuttgart.

1944 legte sie ihr zweites Staatsexamen ab mit inzwischen zwei, bald drei Kindern, während der zweite Ehemann im Krieg war.

„Politik des Alltags"[4]

Nach dem Krieg, Stuttgart lag in Trümmern, stand sie dem Nachkriegselend gegenüber.

---

[4] Dieser von Marie-Elisabeth Lüders geprägte Begriff wies auf die politische Tragweite der alltäglichen Aufbauarbeit von Frauen in der Nachkriegszeit. Es ging um die Anerkennung der Überlebensarbeit von Frauen, die geleistet wurde, als die Männer im Feld oder in Gefangenschaft waren.

Sie kam für sich zu dem Schluss, dass sie am meisten bewirken könne, wenn sie sich politisch engagiere. Die dringlichste Aufgabe war die Versorgung der Menschen und der Wiederaufbau der Stadt. Sie sah die Not der Frauen, deren Männer im Krieg gefallen waren. Diese wurden oft in ihren Anliegen, besonders was die Wohnungsnot anging, übersehen. Tatkräftig gründete sie eine „Wohnungsbaugesellschaft, aber alles aus eigenen Mitteln heraus", wie sie selbst in einem Interview betonte.[5]

1946 trat sie in die DVP ein, die bald in der FDP aufging und war Gemeinderätin bis 1950.

Ebenfalls 1946 bekam sie endlich die Zulassung als Rechtsanwältin. Emmy Diemer-Nicolaus galt nach dem Krieg als unbelastet und wurde so eine der ersten Anwälte in Stuttgart.

1950 wurde sie geschieden und war erneut alleinerziehend.

Von 1950 bis 1952 war sie Landtagsabgeordnete (MdL) in Württemberg-Baden und 1952/1953 Mitglied der Verfassungsgebenden Landesversammlung für den „Südweststaat". Sie gehörte dem maßgeblichen Verfassungsausschuss an und war beteiligt an der Ausarbeitung der Verfassung Baden-Württembergs.

Die zentralen Zielsetzungen der FDP/DVP unter der Führung des Ministerpräsidenten Reinhold Maier finden wir auf ihrem Wahlkampf-Faltblatt von 1953: „… die Wiedervereinigung Deutschlands, Freiheit der Nation, freie Entfaltung der eigenschöpferischen Initiative in der Wirtschaft, und über allem Freiheit des Geistes und der Einzelpersönlichkeit."

Diemer-Nicolaus trat immer für sorgsamen Umgang mit den Staatsfinanzen und dafür ein, dass Bauvorhaben bezahl-

---

⁵ In: Sylvia Heinemann „Frauenfragen sind Menschheitsfragen". Die Frauenpolitik der Freien Demokratinnen von 1949 bis 1963. Sulzbach/Taunus 2012, S.72.
In Heinemanns Buch werden Erinnerungsinterviews, Aktenbestände des ADL und auch private Nachlässe aufgearbeitet. Somit kann direkt auf die persönlichen Erfahrungen zurückgegriffen werden.

bar waren. „Zusammen mit meiner Fraktion habe ich stets darum gekämpft, dass man nie mehr plant, als mit den vorhandenen Mitteln erreicht werden kann und Jugend und Schulen nicht vergisst ..." (Wahlkampf-Faltblatt der FDP/DVP 1953)

Sie setzte sich aber auch, ganz die Tochter ihres Vaters, für den Wiederaufbau des Stuttgarter Schlosses ein.

1957 zog sie in den Bundestag ein – in dieser Zeit war es anrüchig, hauptberuflich Politikerin zu sein, besonders als Mutter.

In den folgenden 15 Jahren war sie in der Bundestagsfraktion der FDP eine parteiübergreifend anerkannte Rechtsexpertin und Finanzpolitikerin.

1969 bis 1972 war sie Mitglied des Sonderausschusses für die Verfassungsreform, Mitglied der Großen Strafrechtskommission wie auch der Kommission zur Bekämpfung der Wirtschaftskriminalität. Sie gehörte der Eherechtskommission an, war stellvertretende Vorsitzende des Rechtsausschusses – um nur die wesentlichen Arbeitsgebiete zu nennen.

Ihre Kanzlei wollte sie unter allen Umständen betreiben, auch als sie Landtagsabgeordnete und später Bundestagsabgeordnete war.

Der Bezug zur Lebenswelt war ihr immer wichtig. Sie wollte die Sorgen und Nöte hautnah mitbekommen um sich entsprechend politisch einsetzen zu können. In ihrer Kanzlei konnte sie die Auswirkungen von Gesetzen direkt erleben, einen klaren Blick auf die Alltagswirklichkeit der Menschen behalten.

Benachteiligung von Frauen hatte ihrer Meinung nach mit deren Unwissenheit zu tun. Diese war in ihren Augen katastrophal.

Emmy Diemer-Nicolaus sah, dass man vor allem Gesetze verändern musste, die das Arbeitsrecht und das Eherecht betrafen.

Erst als die Beanspruchung in Bonn zu groß wurde, war sie gezwungen, ihre Kanzlei aufzugeben.

„Männer und Frauen sind gleichberechtigt" GG Artikel 3,2

Emmy Diemer-Nicolaus gehörte zu den Politikerinnen, die zielgerichtet an die Umsetzung der im Grundgesetz-Artikel 3,2 verhießenen Gleichstellung der Geschlechter ging.

Sie nutzte jedwede Möglichkeit zur Einflussnahme in einer Zeit, in der Frauen noch nicht einmal ein eigenes Konto eröffnen durften.

Sie sah die Veränderung in zwei Bereichen als besonders wichtig an: im Eherecht und das Arbeitsrecht.

Eine Frau brauchte die Genehmigung des Mannes, wenn sie arbeiten wollte. Es galt damals dagegen die Frauenpflicht, einen Haushalt zu führen.

Der Mann verdiente das Geld, er bestimmte, welche Schule ein Kind besuchen sollte, er entschied über die Berufstätigkeit seiner Frau. Wenn der Mann mit dieser nicht einverstanden war, so konnte er das Arbeitsverhältnis seiner Frau kündigen und so faktisch ein Berufsverbot über sie verhängen.

Der § 1356 des Bürgerlichen Gesetzbuches schrieb damals Rechte und Pflichten der Frau so fest:

„Die Frau führt den Haushalt in eigener Verantwortung. Sie ist berechtigt, erwerbstätig zu sein, soweit dies mit ihren Pflichten in Ehe und Familie vereinbar ist."

Emmy Diemer-Nicolaus sah es als dringlichste Aufgabe an, die Gleichberechtigung in der Familie durchzusetzen. Es ging um nichts weniger als um die Entscheidungsgewalt in der Familie.

Ab 1953/54 zeigte sich ein zunehmender Bedarf von Arbeitskräften. Wirtschaftlich ging es bergauf. Das Wirtschaftswunder machte deutlich, dass man auf die Arbeitskraft der Frauen nicht mehr verzichten konnte.

So konnte man sich der öffentlichen Diskussion von Themen wie Doppelverdiener, Halbtagskraft, Teilzeit für Beamtinnen, die Notwendigkeit von Teilzeitarbeit für berufstätige Mütter nicht mehr entziehen. Hier gerieten Arbeitskräftebedarf und Familienpolitik aneinander.

Für die CDU hatte die Erwerbstätigkeit von Frauen „gemeinschaftszerstörenden Charakter", so der von 1953 bis 1962 amtierende Familienminister Franz-Josef Würmeling.

Die FDP argumentierte im Sinne der Gleichberechtigung aber auch nach wirtschaftlichen Gesichtspunkten.

Wirtschaftspolitik ist das Terrain der FDP. Emmy Diemer-Nicolaus vertrat einen konsequent wirtschaftsliberalen Standpunkt und war gegen die Beschränkung des freien Unternehmertums.

„Wir dürfen nicht zu einem Wohlfahrtsstaat werden. Und wir müssen sehen, dass die öffentliche Hand nicht mehr selbst wirtschaftliche Betriebe führt. Das ist eine alte Forderung der FDP." (in: Mannheimer Morgen vom 16.4.1958)

Tagung des Bundesfrauenausschusses der FDP 1955

1955 thematisierten die liberalen Frauen auf einer Tagung die nicht vorhandene Chancengleichheit von Frauen in Ausbildung und Beruf.

Es wurde nicht nur die hohe Arbeitslosigkeit von Frauen, besonders aber die von Akademikerinnen und hochqualifizierten Frauen beklagt. Als großes Problem wurden auch beschäftigungslose ältere Frauen angesehen, was unweigerlich zur Altersarmut führen muss. Es wurde aber noch eine weitere Gruppe als sozialgefährdet ausgemacht, nämlich ein Großteil der 5,6 Millionen weiblichen Vertriebenen und Flüchtlinge.[6]

Nicht nur Emmy Diemer-Nicolaus sah, dass diese Frauen oft krank und nur vermindert einsatzfähig waren. „Für ältere nicht

---

[6] Protokoll der Tagung des BFA der FDP vom 22./23.1.1955, ADL, A5-7, Bl. 99-109

voll einsatzfähige Frauen sowie für Mütter mit mehreren Kindern müssten Halbtagsstellungen ermöglicht werden."[7]

Am Schluss verständigten sich die liberalen Frauen auf folgende Punkte, mit denen Frauen der Weg aus der Abhängigkeit und dem „unwürdigen Zustande" der Versorgungsehe gelingen konnte: Marktwirtschaft, weibliche Erwerbstätigkeit und Bildung.

1962 wurde Emmy Diemer-Nicolaus Vorsitzende des Bundesfrauenausschusses als Nachfolgerin von Marie-Elisabeth Lüders.

Liberalisierung des Scheidungsrechts:

Schon in den 50er Jahren setzte sie sich für die Liberalisierung des Scheidungsrechts ein.

Als Rechtsanwältin musste sie oft gegen ihre Überzeugung, trotz zerrütteter Ehe, zur Weiterführung der Lebensgemeinschaft raten, weil die Frau ansonsten finanziell ruiniert gewesen wäre. Die Neuordnung des Familienrechts beinhaltete auch die Neuregelung der Versorgungsansprüche. Diese sollten von der Schuldfrage gelöst und entsprechend der Bedürftigkeit geregelt werden.

„Und dann war es also so, dass die CDU den § 48 verschärfen wollte. Es war so, dass nach dreijähriger Trennung geschieden werden konnte, aber es gab ein Widerspruchsrecht. Und das führte dazu, dass total zerrüttete Ehen nicht geschieden wurden, weil eben der andere Teil Widerspruch eingelegt hatte. Daher hatte ich beantragt, dass der § 48 im Zusammenhang mit der Reform des Eherechts geändert werden sollte. Das war sehr schwer durchzusetzen ..."[8]

---

[7] ebenda, Blatt 99
[8] Heinemann. A.a.O. S. 76. Gemeint ist wohl der § 48 des Ehegesetzes von 1946

Ende der 50er Jahre zeichnete sich ein gesellschaftlicher Wandel ab.

SPD und FDP waren sich einig in Bezug auf das Recht der Frau auf Berufsarbeit.

Die CDU hatte dagegen ein anderes Bild von Frauen: Die Hausfrauenehe war hier tragend. Bei den FDP-Frauen war das selbstbestimmte Leben und ein eigenes Berufsleben das Ziel. Hier trafen gegensätzliche Weltbilder aufeinander.

Modernisierung des Strafrechts und des Strafvollzugs

„Diemer, das machen Sie jetzt!" So lautete die Aufforderung von Marie- Elisabeth Lüders in die Strafrechtskommission zu gehen. Auch hierin beerbte sie ihre Mentorin.

Es ging um eine grundlegende Neuordnung des deutschen Strafrechts.

In der 5. Wahlperiode 1965–1969 war dies ihr Arbeitsschwerpunkt.

– Es ging um die Abschaffung der Zuchthausstrafe, Entkriminalisierung von „Gemeinlästigen", Bettlern, Nichtsesshaften, „leichten Mädchen".

Diemer-Nicolaus plädierte gegen die Wiedereinführung der Todesstrafe (auch bei Kindsmord)und der Vorbeugehaft. Letzteres würde zu sehr an die Nazi-Herrschaft erinnern. Sie ging gegen die Strafbarkeit von Ehebruch und gegen den § 175 vor. Dieser legitimierte strafrechtliche Verfolgung von homosexuellen und bisexuellen Männern. Erst seit dem 11. Juni 1994 gibt es in Deutschland keine strafrechtliche Sondervorschrift zu Homosexualität mehr.

– Es ging um die gängige Praxis des Sexualstrafrechts.

Es kam zu Anklagen, „weil die Eltern erlaubt hatten, dass ihre Tochter, die verlobt war und die Heirat schon angesetzt hatte, sich mit dem Schwiegersohn in der Wohnung der Eltern traf. Da wurden die Eltern wegen Kuppelei verurteilt. Das war um 1950 rum. Es galt ja der Kuppeleibestand. Den haben wir erst mit der Strafrechtsreform beseitigt. Solche unglaublichen Sachen gab es am laufenden Band."[9]

– Es ging um den § 218.

„Ich war diejenige, die die Reform des § 218 als erste im Bundestag in Gang brachte."[10] Sie löste damit eine Lawine von Wut und Empörung aber auch eine rechtspolitische Diskussion aus.

In der Nachkriegszeit wurde angesichts der Massenvergewaltigungen den Frauen geholfen, vorbei an der Rechtssituation. „Stuttgart war ja zuerst französisch besetzt. Da wurden Frauen vergewaltigt noch und noch. Trotz § 218 – die Ärzte haben den Frauen alle geholfen. Nach meiner Auffassung mit Recht." [11]

Konfrontiert mit der Lebenssituation setzte sie sich für die Freigabe der Abtreibung ein. In der Plenarsitzung vom 28.3.1963 war die strafrechtliche Regelung von Schwangerschaftsabbrüchen Thema.

Sie mahnte den Schutz der Persönlichkeit an und dass Frauen nur ihrem eigenen Gewissen verpflichtet seien.

„Jeder muss von sich aus entscheiden, was er auf Grund seiner ethischen Vorstellungen und auch – sprechen wir das ruhig ganz offen und klar aus – auf Grund seiner religiösen Bindungen für allgemein anerkannte Rechtsgüter, die von allen beachtet werden müssen, hält.[12]

---

[9] Heinemann. A.a.O. S. 74
[10] Liselotte Funcke (Hg.), „Frei sein, um andere frei zu machen". Frauen in der Politik. Stuttgart-Herford 1984, S.199
[11] Interview mit Sylvia Heinemann in: Sylvia Heinemann: „Frauenfragen sind Menschheitsfragen". Die Frauenpolitik der Freien Demokratinnen von 1949 bis 1963 Sulzbach/Taunus 2012
[12] Plenarprotokoll 70. Sitzung des Deutschen Bundestages am 28.3. 1963, 3208

– Es ging um die Reform des Strafvollzugs

Die Sicht auf den Strafvollzug wurde ein anderer. Liberale Ansicht war, dass es im Strafvollzug nicht um Rache und Sühne gehen sollte sondern um Resozialisierung. Dem straffällig Gewordenen sollte geholfen werden, damit er nach Verbüßung seiner Strafe ein geordnetes Leben in Freiheit führen könne, ohne wieder rückfällig zu werden. So setzte sich Emmy Diemer-Nicolaus für den Ausbau von sozial-therapeutischen Institutionen ein wie auch für eine angemessene Bezahlung der Arbeit von Strafgefangenen.

Abschied aus dem Bundestag

Emmy Diemer-Nicolaus schied mit 62 Jahren aus dem Bundestag aus. Sie war als gemeinsame Kandidatin der sozial-liberalen Koalition für das Amt einer Bundesverfassungsrichterin vorgeschlagen worden. Die Fraktion der CDU/CSU wollte sie aus Altersgründen nicht akzeptieren – zum Vergleich: Konrad Adenauer war 73 Jahre alt, als er zum ersten Mal Kanzler wurde. An Helmut Kohl, dem damaligen Ministerpräsidenten von Rheinland-Pfalz, ist die Kandidatur letztendlich gescheitert.

In den verschiedenen Interviews, die sie später gab, kam diese Kränkung immer wieder zum Vorschein.

„Gekränkt hat mich, dass ich als Juristin so abqualifiziert wurde". So äußerte sie sich im Spiegel (1971, Ausgabe Nr. 46).

Die Union lehne sie ganz ab, die Sozialdemokraten hätten sie nur aus Koalitionsräson unterstützt, so der Spiegel weiter.

Die CDU-Ländervertreter gaben den Weg nicht frei.

Womöglich hatte Emmy Diemer-Nicolaus für die Union zu progressive Ansichten. Die öffentliche Diskussion über die Fähigkeiten einer langjährigen Rechtsexpertin aber war entwürdigend.

Auch die Sozialdemokraten ließen durchblicken, wenn die Freien Demokraten an ihrem Vorschlag festhielten, „müssten sie das Risiko tragen, dass Frau Diemer-Nicolaus keine Mehrheit findet", so der Spiegel.

1972 ließ sie sich nicht mehr für den Bundestag nominieren.

Ehrungen

„Mit unbeirrbarem Rechtsgefühl erhebt sie temperamentvoll ihre Stimme, wenn es darum geht, Unrecht abzuwenden und überkommene Normen den Gegebenheiten unserer Zeit anzupassen", so Wolfgang Mischnick zu ihrem 60. Geburtstag.

Sie erhielt 1968 das Bundesverdienstkreuz Erster Klasse, 1972 das Große Bundesverdienstkreuz wie auch die Verdienstmedaille des Europarates. 1972 ging der Fritz-Bauer-Preis[13] an Dr. Emmy Diemer-Nicolaus. Er wurde ihr zugesprochen für ihren Einsatz für die Reform des Strafrechts und des Strafvollzugs.

1982 erhielt sie die Verdienstmedaille des Landes Baden-Württemberg.

Bis zu ihrem Tod 2008 war sie Ehrenvorsitzende der FDP Stuttgart. 2018 wurde ein Sitzungssaal in den Räumen der Landtags-FDP in Stuttgart nach ihr benannt.

Für sie war Liberalismus die Anerkennung der Gleichheit und geistigen Freiheit aller Menschen, unabhängig vom Geschlecht. Dem fühlte sie sich bis an ihr Lebensende verpflichtet.

---

[13] Ein von der Humanistischen Union 1968 gestifteter Preis. Fritz Bauer, der langjährige hessische Generalstaatsanwalt, war Gründungsmitglied. Der Preis wird an Persönlichkeiten verliehen, die sich besondere Verdienste für die Demokratisierung, Liberalisierung und Humanisierung der Rechtsordnung der Bundesrepublik erworben haben.

„Wenn die anderen frei hatten, dann war ich irgendwo …“, so beschrieb sie ihr Motto für ein tätiges Leben.

Sie starb am 1. Januar 2008 im Alter von 97 Jahren.

Grete Kletke oder
wie man Frauen an die Politik heranführen kann und muss

„Lieber Herr Mischnick!

Sie haben das zweite Mal, die Frauen für die Aufgaben der Gleichberechtigung zu gewinnen, miterlebt. Was aus dem mühevollen Beginn geworden ist, erleben Sie nun lebhaft. Den Anfang, und wie schwer es gewesen ist, Frauen für die Mitarbeit vorzubereiten, habe ich aus eigenem Erleben mitgemacht. Ich möchte nicht, dass das vergessen wird … Männer und Frauen sind gleichberechtigt – Die Arbeit für diese Gleichberechtigung haben wir zweimal in der FDP Hessen begonnen.“[14]

Mit diesen Worten begann Grete Kletke ihren Bericht an Mischnick über ihre Arbeit, Frauen an die Politik heranzuführen.

Als sie den Brief als knapp 90jährige schrieb, blickte sie auf eine 62 Jahre währende Parteiarbeit zurück.

Auch sie erlebte noch die Kaiserzeit. 1892 in Eschwege geboren, wuchs sie in einem national-liberalen Elternhaus auf. Ihr Vater war Kreishandwerksmeister, in Vereinen und politisch aktiv.

Früh arbeitete sie in der bürgerlichen Frauenbewegung mit Gleichgesinnten, die das Frauendasein mit den 3K – Kinder, Kirche, Küche – ebenfalls als zu eng empfanden. Der Blick richtete sich auf gleiche Bildungs- und Berufschancen und das Wahlrecht!

---

[14] Brief vom 6. Mai 1982 an Wolfgang Mischnick. ADL, Bestand Wolfgang Mischnick, A38-703

Bei Kriegsausbruch arbeiteten die Frauenvereine an der „Heimatfront". Grete Kletke, geb. Waßmann war Mitglied des Roten Kreuzes und sah ihren Einsatz als Gebot der Stunde. Die Niederlage im Ersten Weltkrieg war für sie ein Einschnitt. „Die Abdankung des Kaisers und das unglückliche Ende des Krieges haben uns schwer getroffen. Viele hatten den Inhalt ihres Lebens verloren und mussten alle Kräfte aufbringen, ein neues Ideal zu suchen. Aus dem Kaiserreich, das wir von bleibendem Bestand glaubten, war eine Republik geworden. Alle bestehende Ordnung war aufgelöst."[15]

Politische Arbeit in der DDP

Schon mit 26 Jahren trat sie 1918 der DDP bei. Ihr Vater Carl Waßmann, selbst Stadtverordneter in Eschwege, förderte ihr politisches Interesse und ermutigte sie, sich am Aufbau einer Demokratie zu beteiligen.

Er war ihr Ratgeber und gab ihr den Wahlspruch mit auf den Weg: „Wenn du mitarbeiten willst, dann mach es gründlich. Wenn du aber damit rechnest, jemals Dank dafür zu ernten, dann lass es sein."[16]

Gerade in die DDP eingetreten, wurde ihr die Propaganda für Wählerinnen übertragen. Im Wahlkampf zur Nationalversammlung agierte sie deshalb als Rednerin um die erstmals mit Wahlrecht versehenen Frauen zu erreichen.

Der Weg zu den meist schlecht besuchten Versammlungen auf den Dörfern wurde oft zu einer sportlichen Angelegenheit. Zu wenige Bahnverbindungen zwangen zu längeren Fußmärschen.

---

[15] Brief an Mischnick, a.a.O. Auch zitiert in: Ingried Langer (Hg.). Alibi-Frauen? Teil III. Hessische Politikerinnen im 2. und 3. Hessischen Landtag 1950–1958. Königstein 1996. S.79
[16] ebenda. S.80

„Ich hab versucht den Begriff Politik ins tägliche Leben umzusetzen und klarzumachen versucht, dass sie uns den ganzen Tag begleitet."[17]

Frauen konnten nun auch gewählt werden.

Grete Waßmann war klar: Wer wählen darf, hat nun auch Verantwortung.
1921 und 1924 kandidierte sie für den Preußischen Landtag im Wahlkreis Hessen-Nassau und Freistaat Waldeck.

Auf eigene Kosten nahm sie am Reichsparteitag und an der Frauentagung der DDP in Berlin teil. Dort begegnete sie Gertrud Bäumer, der Mitbegründerin der DDP wie auch Marie-Elisabeth Lüders, Helene Lange und Dorothee von Velsen. Ein Buch von Marie-Elisabeth Lüders hat Grete Kletke besonders beeindruckt: „Das unbekannte Heer". In ihrem Brief an Mischnick nimmt sie noch auf dieses Bezug. Sie sah darin die selbstverständliche Arbeit von Frauen während des Ersten Weltkriegs gewürdigt.

In ihrer Heimatstadt gründete sie einen Ortsverband der DDP und musste bedauernd feststellen, dass nur wenige Frauen für eine Kandidatur zu gewinnen waren. Immerhin – zwei wurden Mitglied des Kreistags und zwei weitere kamen ins Stadtparlament.

Ihren beruflichen Werdegang begann sie mit einer ehrenamtlichen Tätigkeit in der Stadtverwaltung und im Arbeitsamt Eschwege. Diese wurde als Praktikum anerkannt und so war ihr eine Aufnahme in eine „Soziale Frauenschule" möglich und damit eine Ausbildung zur Wohlfahrtspflegerin.[18] 1926, sie war inzwischen 34 Jahre alt, nahm sie einen Kurs am sozialpolitischen Seminar der Hochschule für Politik in Berlin wahr wie auch eine Schulung zur Berufsberaterin.

---

[17] ebenda S. 81
[18] Alice Salomon war Initiatorin der Sozialen Frauenschulen.

Die vorwiegend weiblichen Teilnehmer hörten Vorlesungen in Psychologie, Erziehungs- und Unterrichtswesen, Gesetzeskunde, Volkswirtschaft.

Sie schloss den Lehrgang mit einer staatlichen Prüfung ab und ging als Leiterin der weiblichen Abteilung des Arbeitsamtes nach Jena. In der Universitätsstadt konnte sie auch weiterhin Vorlesungen besuchen.

Sie belegte Vorlesungen im Fach Psychologie und lernte dort ihren späteren Mann Dr. Kurt Kletke kennen, den sie 1928 mit 36 Jahren heiratete. Mit 40 Jahren bekam sie ihr erstes, zwei Jahre später ihr zweites Kind.

Distanzierung von der DDP

Im Frühjahr 1930 begann sich die DDP nationalistischen Gruppen anzunähern. Der hessen-nassauische Landesverband, dem Grete Kletke angehörte, protestierte dagegen. Er sah einen Verrat an den im Parteiprogramm von 1919 verankerten liberalen Grundsätzen. Im November 1930 konstituierte sich die Deutsche Staatspartei durch Fusion der DDP mit dem Jungdeutschen Orden. Zu Grete Kletkes Entsetzen ließen sich Theodor Heuss und Gertrud Bäumer in den Vorstand wählen.[19]

Nach der Umbenennung und dem Rechtsschwenk der DDP zog sich Grete Kletke aus der Parteiarbeit zurück, blieb aber der Frauenbewegung treu. Sie schloss sich dem Frauenverband Gotha an. 1931 war es ihr noch möglich als Delegierte zum Bund Deutscher Frauenvereine nach Leipzig zu reisen wo sie Agnes Zahn-Harnack zur Vorsitzenden wählte.

---

[19] Vgl. Alibi-Frauen? A.a.O. S.86

Ihr (Über-)Leben im Nationalsozialismus

Sie befand sich in einer schwierigen Situation. Ihr Vater riet ihr aus Sorge, nicht gegen den Strom zu schwimmen. Ihr Mann war Beamter, inzwischen Regierungsrat in Saalfeld. Kurt Kletke wollte nicht zu den „Märzgefallenen" gehören, die nach der Machtergreifung opportunistisch in die NSDAP eintraten. Mit der erfundenen Begründung, seine Frau sei Mitglied der SPD gewesen, wurde Kurt Kletke fristlos entlassen.
Nach einem Jahr wurde er wieder in ein niederes, schlecht bezahltes Angestelltenverhältnis übernommen, wurde häufig versetzt und schließlich in der Funktion als Kriegsgerichtsrat nach Holland eingezogen.

Durch einen Zufall wurde ihr Frauenverband nicht gleichgeschaltet und so hatte sie „eine einzige Oase" in der dunklen Zeit des Nationalsozialismus.

Noch kurz vor Kriegsende wurde sie in Halberstadt ausgebombt. Sie lief mit ihren Kindern zu Fuß nach Eschwege, ihrer Heimatstadt, die im Wesentlichen vom Krieg verschont geblieben war.

Während des Nationalsozialismus hatte sich Grete Kletke völlig ins Private zurückgezogen und nahm sich vor nie mehr politisch tätig zu werden.

Nach dem Krieg verschärfte sich die Wohnungsnot durch die Evakuierten aus Kassel, wie durch die Flüchtlinge aus dem Sudetenland.

Die amerikanische Militärverwaltung forderte die Bildung einer Wohnungskommission, in welcher auch eine Frau sein sollte. Die dafür fachlich geeigneten, waren NSDAP-Mitglieder gewesen und so wurde Grete Kletke als einzig Unbelastete ausgewählt, auch weil sie Erfahrung in der Kommunalpolitik hatte. Ermutigt von ihrem Mann kehrte sie in die Welt der Politik zurück. Sie wurde Anlaufstelle für viele Hilfesuchende.

Grete Kletke wurde in Eschwege Mitbegründerin der LDP[20] und gehörte damit zu den ersten hessischen Politikerinnen der FDP. Sie kandidierte selbst für die Partei und sorgte dafür, dass auch Frauen aufgestellt wurden. „Am schwersten war es ja für uns, für die politische Arbeit Frauen zu finden."

1948 wurde sie als einzige Frau in den Eschweger Magistrat gewählt.
Nach ihrer Wahl 1950 in den 2. Hessischen Landtag gehörte sie dem Sozialpolitischen Ausschuss an.

Büro F – das Büro für staatsbürgerliche Frauenarbeit

Für die amerikanische Militärregierung war die staatsbürgerliche Bildung von Frauen eine wichtige Aufgabe. Sie wollte die Erziehung zur Demokratie gezielt den Frauen angedeihen lassen. Diese stellten ja die demographische Mehrheit. Das Land Hessen hatte eine Sonderrolle. Hessen war das einzige Land, das Gelder aus den „Marshallplanhilfen" für Lehrgänge zur Kommunalpolitik, Informationsbroschüren zur politischen Bildung u. a. verwandte.

Am 1.10.1950 wurde das „Büro für Frauenfragen" eröffnet. Finanziert wurde es aus Mitteln der Marshallhilfe. Die amerikanischen Besatzer wollten die Erziehung zur Demokratie gezielt der deutschen Frau angedeihen lassen. Sie stellten ja die demographische Mehrheit.

1952, die amerikanischen Fördergelder liefen aus, arbeiteten die weiblichen Landtagsabgeordneten überparteilich einen gemeinsamen Antrag aus: Die Absicherung des Büros durch die Hessische Landesregierung.

---

[20] Liberal-Demokratische Partei. 1948 kam es zum Namenswechsel: LDP wurde zur FDP

Am 23.2.1953 wurde es als „Büro für Staatsbürgerliche Frauenarbeit e. V." in deutscher Trägerschaft neu gegründet. Grete Kletke gehörte dem Gründungsvorstand an.

Durch das Büro wurden viele Frauen auf Informationsreisen in die USA geschickt. Sie kamen meist politisch motiviert zurück.

Arbeit im Landtag

Seit ihrer Wahl in den Landtag bestimmte Grete Kletke die Frauenpolitik im Land Hessen entscheidend mit. Sie musste feststellen, dass unter ihren Mitbürgerinnen nicht nur ein beklagenswertes Desinteresse bestand, sondern auch mangelnde Qualifikation und mangelndes Selbstvertrauen: „Wir hätten damals viel mehr Frauen an maßgebender Stelle unterbringen können, wenn wir solche gehabt hätten, die gewillt waren, Verantwortung zu übernehmen oder solche, die geeignet gewesen wären für diese Anforderungen."[21]

Grete Kletke gehörte dem 2. bis 4. Landtag an. In letzterem war sie zweite Vizepräsidentin und die erste Frau in diesem Amt.

1951 wurde sie von ihrer Fraktion in zahlreiche Ausschüsse entsandt wie den sozialpolitischen und den für Heimatvertriebene, Evakuierte und Sachgeschädigte. Im Kulturpolitischen Ausschuss brachte sie den FDP-Antrag vor, Berufsschülern im Zonengrenzgebiet durch Schuldgeldfreiheit zu helfen und unterstützte damit einen CDU-Vorstoß. Auch wirtschaftlich sollte das Zonengrenzgebiet unterstützt werden.

Dabei ging es ihr um die Wohnsituation.

„Einmal hörte ich, der Wohnungsbau-Minister in Bonn beabsichtige für 200 Wohnungen möglichst an der Zonengrenze

---

[21] Alibi-Frauen?, a.a.O. S.97

Zuschüsse zu geben. Damals war es für die Kommunalverwaltung fast unmöglich, aus Mangel an Mitteln zu bauen. Wir fuhren mit dem Baurat und dem Bürgermeister nach Bonn zu dem Minister Preusker. Wir hatten genug Baugelände und nahmen einen guten Entwurf mit und bekamen nach langer Aussprache die Genehmigung unter der Bedingung, dass Hessen die gleichen Mittel bewillige. Auch beim Hessischen Innenminister erreichte ich die Zulage. Aus den 200 bewilligten Wohnungen ist jetzt ein ganzer neuer Stadtteil geworden mit 2 Kirchen, etlichen Schulen, einigen Betrieben und vielen Geschäften. Ich freue ich jedes Mal, wenn ich das sehe."[22]
Desweiteren ging es ihr um die Vereinbarkeit von Wirtschaft und Naturschutz. Als der Braunkohleabbau am Hohen Meißner drohte, erhob sie Einspruch. Der Abbau bedeutete die Zerstörung des unter Landschaftsschutz stehenden Symbols der Jugendbewegung, die sich erstmals 1913 dort versammelt hatte. Sie vertrat die Meinung, dass Wirtschaft und Naturschutz sich nicht ausschließen müssten.

Es ging ihr auch um die berufstätigen Mütter. Für sie sollten im öffentlichen Dienst qualifizierte Planstellen vorbehalten werden.

Und es ging ihr um Gesundheitsvorsorge.

Gelder für Kuren bedürftiger Kinder (Erholungsfürsorge) wie auch für die Krebsvorsorge sollten im Haushaltsplan verankert werden. So ermöglichte sie, dass Hessen als eines der ersten Bundesländer schon Anfang der fünfziger Jahre Mittel für die Krebsvorsorge bereitstellte.

Der Höhepunkt ihrer politischen Karriere war die Wahl zur zweiten Vizepräsidentin des Hessischen Landtags 1958-1962. Sie war damit auch die erste Frau in der Bundesrepublik, die dieses Amt innehatte.

---

[22] Brief an Mischnick, S.10

1962 wollte sie sich noch einmal für den Landtag nominieren lassen. Ein vorderer Platz wurde ihr verweigert. Bei der Nennung ihres Namens riefen die Männer: „zu alt"[23]. Es ist enttäuschend, wenn solch eine Äußerung aus den eigenen Reihen kommt.

Bald darauf ernannte sie die hessische FDP zum Ehrenmitglied.

Sie schloss ihren einleitend zitierten Brief an Mischnick mit dem Hinweis auf ihr politisches Grundanliegen. „Ich habe als dringendstes meiner Arbeit angesehen, die Gleichwertigkeit von Mann und Frau zu beweisen."

Sie starb an Heiligabend 1987 mit 95 Jahren in Aachen.

Schlussgedanke

Emmy Diemer-Nicolaus und Grete Kletke waren Vertreterinnen einer Politik, die nah am Leben der Menschen war. Beide hatten einen ungewöhnlichen Lebenslauf. Chancengleichheit, (politische) Bildung und ein selbstbestimmtes Leben waren ihrer beider Ziel.

Zwei bedeutende liberale Politikerinnen sollen nicht dem Vergessen anheim fallen. Dieser Aufsatz will dazu einen Beitrag leisten.

---

[23] vgl. Alibifrauen. A.a.O. S. 123

FREIHEIT – UND OFFENHEIT, DIE DAMIT
EINHERGEHT – WIRD UNS NICHT
GESCHENKT. DIE MENSCHEN MÜSSEN
DARUM KÄMPFEN, IMMER WIEDER.

ALFRED HERRHAUSEN

Wir haben ohne Rücksicht auf
politische Zwecke immer nur
ausgehend von dem Gedanken
gehandelt, für das Beste der Stadt
und des Vaterlandes zu wirken.

Rede Virchows bei der Verleihung der
Ehrenbürgerwürde der Stadt Berlin 1891

Rudolf Virchow

*Mit der Kraft des besseren Arguments auf der Suche
nach der Wahrheit*
Von Dr. Klaus Valeske

Was kann man über einen Menschen schreiben, dessen Geburtstag sich 2021 zum zweihundertsten Mal jährt? Dessen Leben und Wirken in unserer kurzlebigen und sich unglaublich schnell verändernden Zeit so weit zurück liegt, dass es doch anscheinend für uns kaum mehr Bedeutung hat.

Nichts, wenn man auf dem Standpunkt steht, dass ein so lange zurückliegendes Leben allenfalls von historischem Interesse ist, bestenfalls gut für einen Nachruf, über den man vielleicht schmunzeln, vielleicht auch nur den Kopf schütteln kann, der aber an sich nicht von größerem Interesse für unser „Jetzt", für uns selbst ist.

Man kann aber auch unendlich viel schreiben, denn es gibt wahrscheinlich nur wenige Menschen, deren Leben von solch ungeheurer Schaffenskraft geprägt war, wie das von Rudolf Virchow. Die Stationen seines Lebens, vom Aufbruch als Sohn eines kleinen städtischen Beamten und „Ökonoms", sprich Landwirts, aus einem kleinen hinterpommerschen Städtchen, das gemessen an unserer Zeit „hinter dem Mond" lag, bis hin zu einem der gefeiertsten und bekanntesten Wissenschaftler seiner Zeit in Berlin, in Europa, ja in der ganzen Welt.

Und darüber hinaus, was uns ja auch besonders interessiert, wie hat sich sein politisches Leben entwickelt? Vom Zögling des Kösliner Gymnasiums, der sich schwankend zwischen einem Theologie- und Medizinstudium, dann aber doch für Medizin entschied und schließlich aus finanziellen Gründen „nur" in einer Berliner militärmedizinischen Bildungsanstalt studieren konnte. Warum schlug dieser Mensch dann den Weg zu einem der bekanntesten liberalen Politiker und Vorkämpfer für die Demokratie und sozialen Fortschritt ein, wo doch der Weg zum Militärarzt mit sicheren Karrierechancen, gesellschaftlicher Anerkennung und finanzieller Sorglosigkeit praktisch vorgebahnt war.

Die Bruchstelle ist der Beginn seiner wissenschaftlichen Tätigkeit und der damit verbundenen Abkehr von einer mehr philosophisch geprägten Medizin vergangener Jahrhunderte. „Seine" Medizin, so sagte er auf einem Vortrag, sollte eine praktische, angewandte Naturwissenschaft sein. Seine Medizin war innovativ und sollte Antworten geben.

Diese Ansichten, vertreten von einem preußischen Militärarzt, haben natürlich einen geradezu revolutionären Ansatz – und das geäußert zwei Jahre vor der deutschen Revolution von 1848.

Trotzdem, oder vielleicht gerade deswegen war Virchow zu dieser Zeit noch Mitglied, ja sogar Hoffnungsträger des preußischen Militärestablishments. Die Notwendigkeit von Reformen war im Preußen von 1846 durchaus erkannt. Nur sollten diese „von oben", also von der Regierung kommen, von einer Demokratisierung verbunden mit durchgreifenden Reformen „von unten", vom Volk, von einem Parlament her, war da noch keine Rede.

Aber zurück zu Virchow. Noch bewegte er sich an der Grenze des im preußischen Staat erlaubten politischen Reformwillens. Er engagierte sich aber in den Berliner gesellschaftlichen, oft auch wissenschaftlich geprägten Vereinen, die auf Reformen, gesellschaftliche und auch demokratisch-politische drängten, kritisch beobachtet von der preußischen Regierung.

Dann aber kam sein ihn in dieser Zeit prägendes Erlebnis: die oberschlesische Typhusepidemie von 1846/47 (wahrscheinlich aber war es Fleckfieber, eine überaus ansteckende Krankheit).

Die immerhin etwa 16.000 Todesopfer fordernde Epidemie zeigte vor allem zwei Dinge: Die totale Indolenz und Hilflosigkeit der staatlichen Organe gegenüber dieser Katastrophe (ein Staatsversagen) und die aufkommende Macht der öffentlichen Meinung, die Aufklärung (und Maßnahmen) forderte.

Und so schickte man Rudolf Virchow mit einer ärztlichen Untersuchungskommission nach Oberschlesien. Was er dort vorfand, war nicht nur eine medizinische Katastrophe, sondern auch eine Kombination von sozialer Not und staatlichem Missmanagement in einem Land, dessen Bevölkerung, stark beeinflusst von der katholischen Kirche, eine der Epidemie gegenüber überaus fatalistische Haltung zeigte.

Virchows Reaktion und sein Bericht beschränkte sich nicht auf medizinische Hinweise, sondern er verließ diese Ebene und begann mit naturwissenschaftlicher Akribie auf die sozialen Ursachen dieser Katastrophe einzugehen: Den Mangel an Bildung, den Mangel an Wohlstand, den Mangel an Freiheit.

Damit verließ er die Ebene des reinen Mediziners, des nur der Wissenschaft verschriebenen Gelehrten und begann die als Wissenschaftler erhobenen Befunde in sozialmedizinische Forderungen, fundiert auf eine demokratische Weltanschauung, umzusetzen.

Seine Forderungen nach gesellschaftlichen Reformen zur Bekämpfung einer Epidemie warfen sofort die Frage auf, wie denn überhaupt ein wissenschaftlicher Experte Anspruch darauf haben könnte, politische Forderungen zu erheben. „Schuster, bleib bei Deinen Leisten", war der Spruch, den Virchow nicht zum letzten Mal in seinem Leben hörte, als er mit der Autorität eines Wissenschaftlers in politische Entscheidungsprozesse eingreifen wollte.

Seine Schlussfolgerung aus dieser ersten Auseinandersetzung war: Medizin ist eine soziale Wissenschaft und Politik ist weiter nichts als Medizin im Großen.

Was für ein revolutionärer Ansatz damals, im Jahre 1848 – zum Scheitern verurteilt.

Die Revolution von 1848 wurde blutig durch das preußische Militär beendet, Virchows und so vieler aufrichtiger Demokraten Hoffnungen zerstört. Demokratisierung und wissenschaftliche Erneuerung – chancenlos.

Und Virchow? Auch seine Zukunft hing am seidenen Faden. Nur seine schon so große und anerkannte wissenschaftliche Reputation rettete ihn. Viele Gleichgesinnte verließen Europa. Auch er dachte über eine Auswanderung nach. Verließ aber dann Berlin „nur" nach Würzburg (das im Königreich Bayern lag), um wieder mehr persönlichen Freiraum zu gewinnen und konzentrierte sich zunächst auf seine wissenschaftliche Karriere.

Seinen Erfolgen, basierend auf einer rastlosen Tätigkeit, hatte er es zu verdanken, dass er nach Berlin zurückgerufen wurde. Man brauchte ihn als „Reformer". Eigentlich ja nur für Medizin. Er aber kam, um nicht nur die Medizin als Wissenschaft zu reformieren, sondern die Naturwissenschaften an sich zu popularisieren, um damit einen modernen Lebensstil zu verbreiten, um auf indirektem Weg die politischen Verhältnisse in eine demokratische und liberale Richtung zu bewegen.

Denn, wie er 1862 in einem Brief schrieb: „... die höchste Befriedigung außer dem Forschen gewinnen wir dann, wenn es uns gelingt, unsere Wissenschaft in das handelnde Leben einzuführen und sie nicht bloß dem materiellen, sondern auch dem sittlichen Fortschritt der Menschheit dienstbar zu machen".

Was für ein Anspruch an sich selbst. Aber er füllte ihn aus, mit einer rastlosen wissenschaftlichen Tätigkeit, nicht nur in der Medizin, sondern auch in der Anthropologie und in vielen andern Gebieten. Sein wissenschaftlicher Anspruch war „universell" und wurde von ihm problemlos auch in die Politik übertragen. Nicht mit dem Anspruch „alles zu wissen", sondern im Bewusstsein der Grenzen seines Wissens sprach er davon, dass die Autorität des wissenschaftlichen Experten auf dem Insistieren, auf der Kontrolle der Reichweite seiner Aussagen beruhe. „Was mich ziert", sagte er, „ist eben die Kenntnis meiner Unwissenheit". Er war sich der Grenzen seines Wissens und der Schlussfähigkeit seiner Aussagen bewusst.

In Berlin begann er wieder, sich in das politische Leben einzubringen. Als Abgeordneter im preußischen Landtag, später im Reichstag, als Stadtverordneter in Berlin. Er wollte nun, nach der gescheiteren Revolution, die politischen Verhältnisse evolutionär verändern, und das tat er auch.

Der Schlüssel zu dieser Evolution war für ihn Bildung. Unzählige Vorträge hielt er vor Berliner Arbeitervereinen, die er tatkräftig unterstützte, lange bevor es eine Sozialdemokratie gab. Bildung, und hier natürlich die naturwissenschaftliche Bildung, war für ihn – und ist es für jeden Liberalen heute noch genauso – der Schlüssel zu sozialem Fortschritt.

Sein liberales Modell des Fortschritts war eine Kombination von Bildung einerseits und Verbesserung der äußeren Lebensumstände andererseits.

In unzähligen Vorträgen versuchte er sein „naturwissenschaftliches Denken" zu vermitteln, nicht hauptsächlich Wissen zu vermitteln, sondern die Methode zu vermitteln, wie man Wissen erlangt. Er als Naturwissenschaftler, wollte einen neuen Denkstil implizieren, wollte die Bereitschaft zum naturwissenschaftlichen Handeln und Denken wecken. Das war für ihn Vorbedingung zu „gesundem Menschenverstand", Vorbedingung zur persönlichen Bildung und damit Vorbedingung zur persönlichen Freiheit. Denn die war bei Virchow keine Freiheit, willkürlich zu handeln, sondern vernünftig zu handeln. Nur das sah er als Zeichen des wirklich freien Menschen. Sein liberaler Ansatz war, dass diese (naturwissenschaftliche) Bildung allen offenstand. Und damit meinte er allen Menschen. Nicht nur Deutschen oder Europäern, sondern allen. Denn er sprach „eingeborenen Völkern (wir bewegen uns immerhin mitten in der Kolonialzeit) die gleiche Kulturfähigkeit wie auch Europäern zu. Und Kultur, so sagte er, nivelliert alles (auch standes- und ethnische Unterschiede).

Kann ich die Persönlichkeit Virchows auch nur im Ansatz näherbringen? Den Bogen zu heute und jetzt schlagen?

Vielleicht ist die Auseinandersetzung mit einem Thema seiner Zeit hilfreich, das gar nicht so fern zu unserer heutigen Situation zu sein scheint.

Die europäischen Großstädte wurden im ausgehenden 19. Jahrhundert immer wieder von verheerenden Choleraepidemien heimgesucht. Folge des ungeheuren Wachstums dieser Städte, mit dem das Wachstum der städtischen Einrichtungen bei weitem nicht mithalten konnte. Londons Themse war zu jener Zeit eine stinkende Kloake genauso wie die Spree in Berlin. Die Berliner Bevölkerung hatte sich zwischen 1861 und 1885 verdreifacht. Klar war der Zusammenhang von verunreinigtem Trinkwasser und ungeklärtem Abwasser. Klar war, dass für die damalige Zeit ungeheure Mittel investiert werden mussten, um der Situation Herr zu werden. Die Diskussionen, wie man die künftige Kanalisation auszusehen habe, hätten auch heute stattfinden können. Zeigten sie doch, wie politische Entscheidungen im Spannungsfeld unzähliger Partikularinteressen, menschlicher Vorbehalte und politischer Gremien einem gewaltigen Tauziehen unterliegen.

Virchow nahm den Kampf gegen unzählige miteinander konkurrierende Standpunkte auf, als wissenschaftlicher und liberaler Politiker. Seine Antwort war, politische Entscheidungsfindung als wissenschaftliche Suche nach „Wahrheit" zu unternehmen. Nicht eine Mehrheitsentscheidung, nicht ein Dekret der Regierung, sondern ein rationaler wissenschaftlicher Diskurs sollte die Lösung mit sich bringen.

Er vertraute darauf, angesichts konkurrierender Wertorientierungen übergeordnete, objektive Gesichtspunkte bestimmen zu können.

Die „Kraft des besseren Arguments", erarbeitet nach einer nach wissenschaftlichen Spielregeln geführten Diskussion, strebte er als Grundlage von politischen Entscheidungen an. Das war Virchows Ziel. Dafür auch sein Engagement in die naturwissenschaftliche Bildung der Bevölkerung, um eine bessere politische Legitimation zu erreichen.

Ein Traum? Nun im Falle der Kanalisation setzte sich Virchow durch – zum Segen der Gesundheit seiner Berliner Mitbürger, für die er sich so engagierte. Wäre sein Ideal auch eine Richtschnur für heutige Politik? Gerade in Zeiten einer „Corona-Pandemie". Wie werden in unserer heutigen medizinischen Krise, die längst auch eine gesellschaftliche ist, Entscheidungen getroffen?

Nun, ich denke, „die Kraft des besseren Arguments" als Richtschnur zu machen, ist zwar ein hoher Anspruch, aber gerade für Liberale als Vorbild ideal. Denn wenn ein Politiker wie Rudolf Virchow 1891 bei der Verleihung der Ehrenbürgerwürde der Stadt Berlin resümieren kann: „ Wir haben ohne Rücksicht auf politische Zwecke immer nur von dem Gedanken ausgehend gehandelt, für das Beste der Stadt und des Vaterlandes zu wirken", dann ist dies mit der „Richtschnur der Kraft des besseren Arguments" sicherlich einfacher zu erreichen als wenn man Spielball der "öffentlichen Meinung" war und leider im Moment immer noch ist.

Virchow konnte sich hier durchsetzten, indem er die Aura seines wissenschaftlichen Expertentums nutzte, um seine wissenschaftliche Denkweise, seine wissenschaftliche Methode anzuwenden, um die beste Lösung, die „Wahrheit" zu finden. Unabhängig von Partikularinteressen, aber auch unabhängig von der öffentlichen Meinung.

Einen liberaleren Ansatz zu Politik, nämlich für die sachlich beste Lösung zu kämpfen, kann ich mir kaum vorstellen.

Ob dies in unserer heutigen Zeit überhaupt noch möglich ist?

Genauso wenig und genauso viel wie damals. Denn Rudolf Virchow hat ja damals keinesfalls alle überzeugt. Aber dafür zu streiten, das hat er niemals aufgegeben.

Rückblickend auf ihn kann man sich fragen, wie er das machte? Im Vergleich dazu wirkt unser heutiges Leben, so angefüllt es auch sein mag, geradezu als Freizeitgesellschaft. Denn Rudolf Virchow gab neben seiner politischen und medizinischen Arbeit (als Professor und Institutsleiter) noch Bücher heraus, publizierte unzählige Artikel, war jahrzehntelang Herausgeber renommierter Zeitschriften, Forschungsreisender, Familienvater und so vieles mehr.

In jeder Hinsicht war er zeitlebens ein Forscher und er schrieb einmal: „Den wahren Naturforscher soll und kann man erkennen daran, dass er nie müde wird in dem Streben nach Wahrheit und nie feige in dem Bekenntnis der Wahrheit".

Aber was ist mit Rudolf Virchow, dem Liberalen? Immer war er ein Sucher in seiner Wissenschaft, der Medizin.

„Nisi qui liberalibus rebus favent, veram medicinae indolem non cognoscunt", war sein Motto: Nur der liberal Gesinnte vermag die Natur der Medizin zu erkennen.

Rudolf Virchow wäre ohne sein naturwissenschaftliches Denken, ohne seine Bildung, kein Liberaler gewesen und ohne seine liberale Gesinnung hätte er sich nicht auf die Suche nach der Wahrheit machen können.

Ist Rudolf Virchow nun rein historisch zu betrachten? Wie ein fernes Denkmal, an dem wir, es kaum beachtend, vorübergehen, oder hat er auch heute noch eine Bedeutung? Die

Bedeutung liegt sicher nicht in den Einzelheiten seines langen Lebens, den medizinischen Erkenntnissen. Die sind heute längst überholt. Auch nicht in den Kleinkriegen des politischen Alltags in den Parlamenten, die er über Jahrzehnte geführt hat. Auch die sind längst vergessen.

Eine Bedeutung hat er in dem, was er immer vermitteln wollte: In Kenntnis des eigenen beschränkten Wissens im sachlichen, „wissenschaftlichen" Diskurs eine Lösung zu suchen. Um mit der „Kraft des besseren Arguments" der „Wahrheit" ein bisschen näher zu kommen. Das ist ein liberaler Lösungsansatz, und den haben wir Rudolf Virchow zu verdanken. Daran sollten wir zur Feier seines 200.Geburtstages immer denken.

Sein Denkmal steht übrigens in Berlin auf dem Karlplatz. Es zeigt einen Titanen (den Arzt), der mit einer grässlichen Sphinx (der Krankheit) ringt. Ein Kampf, den Rudolf Virchow sicher aus voller Überzeugung geführt hat. Es lohnt sich, es zu besuchen.

Wo ist denn nun also die gerechte
Grenze für die Herrschaft des
Individuums über sich selbst?
Und wo beginnt die Autorität der
Gesellschaft? Ein wie grosser Teil
des menschlichen Lebens sollte
dem Individuum, wie viel davon
der Gesellschaft vorbehalten
sein?

John Stuart Mill

Macht Kinder und Jugendliche fit für ihre eigene Zukunft!

Was geschehen muss, um die nächste Generation aus ihrer Zwangsisolation zu befreien.

Von Yanki Pürsün, MdL

Es gibt kein Alter, in dem alles so irrsinnig intensiv erlebt wird wie in der Kindheit. Wir Grossen sollten uns daran erinnern, wie das war.

Astrid Lindgren

Wir erinnern uns vielleicht noch, wie wir den Kindergarten wahrgenommen haben. Gefühlt haben wir den ganzen Tag mit Gleichaltrigen gespielt, Ausflüge gemacht und die Welt entdeckt.

Wir erinnern uns vielleicht noch, mit welchem Stolz wir den Schulranzen auf den Rücken nahmen und zur Schule gingen. Dort trafen wir Freunde, hatten Erfolgserlebnisse oder auch Niederlagen, die uns aber auch zu dem gemacht haben, was wir heute sind. Die Grundschullehrer sind uns meist in guter Erinnerung geblieben.

Wir erinnern uns, wie wir Jahre danach unserem Schulabschluss entgegenfieberten. Work & Travel, das Freiwillige Soziale Jahr oder auch der Beginn von Studium oder Ausbildung haben uns angetrieben und motiviert. Wir hatten Träume, Pläne und wenig Verantwortung zu tragen.

Wir erinnern uns an die Abschlussfeier, die stolze Familie, die teilhaben konnte, und die Umarmungen zum Abschied der langjährigen Wegbegleiter vor dem Schritt in einen neuen Lebensabschnitt.

Wir erinnern uns an die Erstsemester-Woche, an die Partys an der Uni und an die vielen neugierigen jungen Menschen, die wir kennengelernt haben. An wache Nächte und müde Vorlesungen, volle Bibliotheken und die verdiente Pause in der Mensa.

All diese Erlebnisse, Emotionen und Erinnerungen haben junge Menschen derzeit nicht. Sie haben nicht die Chance, diese Erfahrungen zu sammeln und sich viele Jahre später wehmütig daran zu erinnern.

Kinder werden in die Notbetreuung geschickt oder von durch Homeoffice erschöpften Eltern zuhause betreut. Sie sehen Menschen mit Masken, die Abstand halten, und dürfen nur wenige ausgewählte Freunde treffen.

Jugendliche verbringen die meiste Zeit allein vor dem Bildschirm. Sport- und Freizeitaktivitäten finden nicht statt, soziale Interaktion ist minimiert und die Entwicklung wird gehemmt. Kinder in Familien, die nicht die Möglichkeit haben, jedem Kind ein eigenes Zimmer zu bieten und einen Balkon, einen Drucker, einen PC, werden abgehängt. Forscher der Frankfurter Goethe-Universität zogen in einer im Juni 2021 veröffentlichten Studie ein verheerendes Fazit. Professor Dr. Andreas Frey, Studien-Autor, fasst die Ergebnisse wie folgt zusammen: „Die durchschnittliche Kompetenzentwicklung während der Schulschließungen im Frühjahr 2020 ist als Stagnation mit Tendenz zu Kompetenzeinbußen zu bezeichnen und liegt damit im Bereich der Effekte von Sommerferien."[1] Jugendliche, die ihre Talente ausbauen wollen und ihr Chancenpotential maximieren können sollten, sind im Modus Warteraum.

Noch im April 2021 konnten wir lesen: „Während die Notrufe der Intensivmediziner in Talkshows, Medien und auch im Bundestag verstärkt werden, interessieren die Hilferufe von Jugendämtern und Kinder- und Jugendpsychiatrien kaum jemanden."[2] Wir Liberale interessieren uns für die Hilferufe der Jugendämter und der Kinder- und Jugendpsychiatrien. Wir interessieren uns vor allem für die Hilferufe der jungen Menschen, die auch für eine Landes- oder Bundesregierung wohl kaum noch zu überhören sind.

Die Vision Liberaler ist der selbstbestimmte Mensch, der seine Chancen nutzt und ausschöpft. Umso schmerzlicher ist es, dass die folgenden Generationen Felsbrocken in den Weg gelegt bekommen und ihre Chancen derzeit nicht nutzen, ihr Potential nicht ausbauen können.

Die oben gezeichneten Bilder sind die eines Kindes und Jugendlichen aus geregelten und guten Verhältnissen. Was aber ist mit den Kindern und Jugendlichen, denen es nicht gut geht, die häuslicher Gewalt ausgesetzt sind oder gesundheitlich – physisch wie psychisch – angeschlagen sind? Was ist mit denen, die in einem Kinderheim leben und kaum einen Moment ohne Maske interagieren können?

Der Kitabesuch ist eine Möglichkeit, gesundheitliche Defizite oder auch Spuren der Verwahrlosung oder Misshandlung aufzudecken. Gleiches gilt für die Schuleingangsuntersuchungen. Beide Instrumente haben aktuell keine Wirkung für die Schutzbedürftigsten und die Folgen können fatal sein.

---

[1] https://psyarxiv.com/mcnvk/; https://www.zdf.de/nachrichten/politik/corona-studie-distanzunterricht-schule-homeschooling-100.html.

[2] Rosenfelder, Ein Lockdown für Kinder, in: Welt+ vom 20.04.2021.

So kommt eine Studie des Universitätsklinikums Hamburg-Eppendorf zu dem Ergebnis, dass fast jedes dritte Kind während der Corona-Pandemie psychische Auffälligkeiten aufweist.[3] Laut der Hamburger COPSY-Längsschnittstudie nehmen Essstörungen, Angststörungen, Konzentrationsstörungen, Suizidgedanken und Suizidversuche bei Kindern und Jugendlichen zu. Insbesondere sind Essstörungen ein gefährlicher Bewältigungsweg, den immer mehr Mädchen entwickeln, um sich vermeintliche Sicherheit in einer pandemiebedingt unkontrollierbaren Welt zu verschaffen, erklärt die Klinik für Kinder-und Jugendpsychiatrie am Charité-Campus Virchow in Berlin.[4] Die Forschenden des Universitätsklinikums Hamburg-Eppendorf kommen zudem zu dem Schluss, dass die Pandemiemaßnahmen zu einer hohen Dunkelziffer von Kindesmisshandlungen führen.

In diesem Zusammenhang sind die Sozialräume der Bildungsinstitutionen – von der Kita über die Schule – von besonderer Bedeutung. Zum einen, weil der physische Kontakt zu Betreuungspersonen in der Kita oder Lehrkräften in der Schule maßgeblich dazu beitragen kann, dass Gewalt und Missbrauch frühzeitig entdeckt und beendet werden. Zum anderen, weil die Entwicklung von Kindern und Jugendlichen zu einem großen Teil von der Interaktion mit Gleichaltrigen abhängt. Zusätzlich wirken sich die durch den Betreuungs- und Unterrichtsausfall entstandenen Lernrückstände, die gerade junge Schüler und Kinder aus benachteiligten Familien treffen, ohne Hilfen und Unterstützung negativ auf die psychische Gesundheit von Kindern und Jugendlichen aus.[5]

---

[3] https://www.uke.de/kliniken-institute/kliniken/kinder-und-jugendpsychiatrie-psychotherapie-und-psychosomatik/forschung/arbeitsgruppen/child-public-health/forschung/copsy-studie.html.

[4] https://www.rnd.de/gesundheit/corona-hilferufe-von-kindern-und-jugendlichen-nehmen-zu-viele-haben-suizid-gedanken-ENE6RYV23VFSTIGSWLWGH322JA.html.

[5] Siehe Bundestagsdrucksache 19/27810.

Nicht nur Kinder und Jugendliche, auch die jungen Erwachsenen trifft es schwer. Es gibt inzwischen einen Jahrgang von Studierenden, die ihre Hochschule noch nie betreten haben. Auszubildende haben über den eigenen Betrieb hinaus kaum Kontakt zu Mitlernenden und erfahren ihren Ausbildungsberuf isoliert im eigenen Betrieb mit eingeschränkter Möglichkeit zum Austausch von Erfahrungen. Ganze Masterstudiengänge finden nicht wie geplant im Ausland, sondern vor dem heimischen Laptop statt. In der gesellschaftlichen Debatte werden die daraus resultierenden Sorgen oft als „Luxusproblem" belächelt. Alle, die diese Sorgen klein reden, sollten innehalten und sich an ihre eigene Jugend erinnern.[6]

Knapp 75 % der jungen Menschen zwischen 18 und 29 Jahren fühlen sich bei den Corona-Maßnahmen vergessen. Auch alle anderen Generationen sind der Auffassung, dass die junge Generation im aktuellen Krisenmanagement zu wenig berücksichtigt wird.[7] Denn einsam ist nicht nur die Rentnerin, die im Seniorenheim keinen Besuch empfangen darf, sondern auch der Student, der in seiner Ein-Zimmer-Wohnung in einer fremden Stadt sein Studium beginnt. Die Corona-Sonderbefragung 2020 des Deutschen Zentrums für Hochschul- und Wissenschaftsforschung (DZHW) zeigt, dass die Zahl der Studierenden mit psychischen Problemen im Vergleich zu 2016 von 7 auf 10 Prozent gestiegen ist.[8] Gleichzeitig haben viele junge Menschen Zukunftsängste. Sie wissen nicht, ob sich die Unternehmen in der wirtschaftlich angespannten Lage einen Ausbildungsplatz leisten können, ob sie ihr Studium trotz verlorenen Nebenjobs weiter finanzieren können und ob ihnen auf dem krisengebeutelten Arbeitsmarkt der Berufseinstieg gelingt.

---

[6] Siehe Bundestagsdrucksache 19/28436.

[7] https://www.watson.de/!913890913?utm_medium=social-user&utm_source=social_app.

[8] Vgl. Bundestagsdrucksache 19/26712, S. 11.

Zudem werden es die jungen Menschen sein, die die Folgen der Corona-Krise am längsten spüren werden. Die historische Rekordneuverschuldung wird die Handlungsspielräume künftiger Generation erheblich einschränken und ist zusammen mit fehlenden Investitionen in Bildung und Infrastruktur die giftigste Verbindung gegen eine nachhaltige und generationengerechte Haushaltspolitik.

**„Wie Getriebene, nicht wie Treiber" –
Frank Rosenlieb (Krisenforscher)**

In einem Interview mit tagesschau.de vom Januar 2021 stellte Frank Rosenlieb dem Krisenmanagement der Bundesregierung ein ernüchterndes Zeugnis aus.[9] Er kritisiert dabei maßgeblich die Kommunikation der Bundesregierung, die für die Bürger wenig transparent war und auch keine verlässliche Perspektive bot. Mit dieser Kritik ist Herr Rosenlieb gewiss nicht alleine.

Die Hessische Landeregierung und auch die Bundesregierung sehen bedauerlicherweise nur noch die Inzidenzen und scheinen jegliches Gespür dafür verloren zu haben, welche sekundären Auswirkungen die Pandemie hat. Das zeigt sich unter anderem daran, dass Kinder und Jugendliche bisher lediglich als Schülerinnen und Schüler verstanden worden sind. Debattiert wurde stets über Kinderbetreuung und Beschulung. Wenig wurde lange Zeit aber berücksichtigt, dass junge Menschen im Ehrenamt aktiv sind, in Vereinen und auch psychologische Unterstützung benötigen.

In Anbetracht der zu erwartenden erheblichen psychischen und sozialen Folgen dieser Einschränkungen stellt sich die Frage, wie es weitergehen kann. Derzeit sind vor allem die Hilfs- und Beratungsangebote für junge Menschen mit psychischen

---

[9] https://www.tagesschau.de/inland/interview-krisenkommunikation-corona-101.html.

Leiden stark ausgelastet. In den Kinder- und Jugendpsychiatri-
en sowie den Beratungsstellen nimmt die Zahl der Anfragen
zu. Der Berufsverband der Kinder- und Jugendärzte (BVKJ)
schlug jüngst Alarm. Kinder- und Jugendtherapeuten sind insbesondere im ländlichen Raum schwer zu finden.

Es ist nie zu spät, es besser zu machen –
Lösungen liberaler Sozialpolitik

Wir Liberale haben in den letzten Monaten – sowohl im Bundestag, als auch in den Landtagen – zahlreiche konstruktive
Vorschläge gemacht, wie die Situation für Kinder und Jugendliche verbessert werden kann ohne, dass wir den Gesundheits-
schutz aus den Augen verlieren. Wir haben zahlreiche Anfragen und Anträge geschrieben und aufgezeigt, warum es eine
liberale Sozialpolitik braucht, die den Menschen als Individuum im Blick hat und ihm das Werkzeug an die Hand gibt, das
Beste aus seinen Möglichkeiten zu machen. Eine liberale Sozialpolitik, die nach Selbstbestimmung und Freiheit strebt, muss
der Krise jetzt begegnen.

Das bedeutet, Kinder und Jugendliche nicht nur als Schüler zu sehen, sondern ihre gesundheitliche, auch psychische
Lage in den Blick zu nehmen. Es bedarf besserer Vernetzung
der Hilfsangebote, die zur Verfügung stehen. Die Jugendhilfe
leistet gute Arbeit, die aber modernisiert, digitalisiert und finanziell besser unterstützt werden muss. Wenn Mitarbeiter
keine Diensthandys haben, führt das zu entsprechend einge-
schränkten Möglichkeiten der alltäglichen Begleitung. Katastrophal ist die Nichterreichbarkeit für Kinder und ihre Familien
in Notsituationen.

Liberale Sozialpolitik bedeutet auch, dass das Angebot an
Therapie- und Betreuungsplätzen ausgebaut wird. Denn Kinder
und Jugendliche brauchen dringend kindgerechte Freiräume,

in denen sie die Möglichkeit haben, sich von den psychischen und physischen Anstrengungen der Pandemie zu erholen.

Um die psychischen Belastungen aufzufangen, ist es dringend erforderlich, dass junge Menschen schnell und niedrigschwellig Zugang zu Hilfe erhalten. Es müssen Anreize geschaffen werden, die helfen, den dazu erforderlichen Bedarf an Fachkräften zu decken. Das kann zum einen eine bessere Vergütung für Kinder- und Jugendtherapeuten sein, es kann aber auch der Abbau von bürokratischen Hemmnissen sein. Wenn junge Menschen früh mit der Praxis in Berührung kommen und Mentoren an die Hand bekommen, die ihnen die Perspektiven des Berufes aufzeigen können, gewinnen wir Nachwuchs.

Eine Aufklärungskampagne kann dazu dienen, das Bewusstsein für die pandemiebedingten psychischen Belastungen zu sensibilisieren. Nicht nur Eltern, auch Lehrer sind gefordert, aufmerksam zu sein und belasteten jungen Menschen niedrigschwellige Hilfe anzubieten. Hierzu bedarf es beispielsweise auch verstärkt schulpsychologischen Personals. Lehrer müssten sich fortbilden können, um beispielsweise suizidale Tendenzen frühzeitig zu erkennen. Weg vom Stigma, hin zu Empathie, Hilfe und Lösung!

Unser Anliegen ist es, persönliche Aufstiegschancen junger Menschen auch in der Krise zu fördern und mithilfe innovativer Ideen oder Konzepte sicherzustellen, dass Isolation vermieden wird und soziale Nähe sowie gemeinsame Veranstaltungen unbedenklich stattfinden können.

Wir müssen Freizeitangebote stärken. Kinder und Jugendliche sollen wieder ungehemmt ihren außerschulischen Aktivitäten nachgehen können. Da die Träger und Vereine durchaus auch unter der Pandemie gelitten haben, müssen wir sicherstellen, dass die vielfältigen Angebote nicht wegbrechen. Diese fördern die Entwicklung junger Menschen und die soziale Interaktion.

Inzwischen gibt es zahlreiche Studien, die deutlich machen, welche Versäumnisse die jungen Menschen erlitten haben. Ob es all diese Studien tatsächlich gebraucht hätte, ist fraglich. Es war bereits früh absehbar, dass Kinder und Jugendliche sich durch die Auswirkungen der Pandemie besonders belastet fühlen. Dennoch ist es gut, dass es dazu nun auch wissenschaftliche Erkenntnisse gibt. Möglicherweise erhöht das den Druck auf die politisch Handelnden und Verantwortlichen der Bundes- und Landesregierungen, um sich nun auch ernsthaft damit auseinanderzusetzen, wie die durch die Pandemie entstandenen Defizite der jungen Menschen aufgefangen werden können.

Wir sind davon überzeugt, dass eine liberale Sozialpolitik Kindern und Jugendlichen eine Perspektive für eine Zukunft voller Chancen bieten kann und jungen Menschen das Werkzeug an die Hand gibt, das es braucht, um die Potentiale voll auszuschöpfen.

MIT POLITIK KANN MAN KEINE KULTUR
MACHEN; VIELLEICHT KANN MAN MIT
KULTUR POLITIK MACHEN.

THEODOR HEUSS

Auf den Spuren
des liberalen Urgesteins

Heinz-Herbert Karry
(geb. 1920 – ermordet 1981, beides in Frankfurt a. M.)
Von Dr. Fritz Roth

Als wissenschaftlicher Assistent der FDP-Landtagsfraktion habe ich Heinz Herbert Karry im Oktober 1971 kennengelernt. Er wohnte regelmäßig den Sitzungen der Fraktion bei. Die Stühle im Sitzungsraum des Landtages waren im offenen Viereck angeordnet. An der Frontseite thronte Herrmann Stein, der Fraktionsvorsitzende. Wirtschaftsminister Karry setzte sich auf der rechten Seite meist vorne neben seinen Freund Herrmann Molter, damit er für Telefonate den Raum schnell wieder verlassen konnte. Ganz selten habe ich ihn ohne langstieligen Zigarettenhalter rauchen sehen und wenn er den vor sich hinlegte, dann wusste die Fraktion, wer das Wort haben wollte. Und wenn er die Rauchutensilien sorgfältig in seiner linken Jackentasche verstaut hatte, dann hinderte ihn niemand und nichts, eine Veranstaltung zu verlassen – nicht nur den Sitzungsraum der Fraktion.

Es gibt Menschen, an deren Auftritt, an deren Verhalten und an deren Aussagen man sich – gewollt oder ungewollt – lebenslang erinnert Zu denen gehört Heinz-Herbert Karry. Wer ihn verschmitzt wie in sich hinein lächeln sah, oder ihn gedankenverloren mit ernster Miene beobachtete, wer seine häufig ironischen, aber immer hintergründig ernsten Reden verfolgte, der wird das nicht vergessen. Beleidigend wurde er selbst in heftigen politischen Auseinandersetzungen mit den CDU-Politikern Dregger, Kanther oder Milde nie, aber was er denen sagte, genoss Aufmerksamkeit. Was er gegen eine allein regierende SPD zu sagen hatte ebenfalls. Besonders wenn es um Grundwerte der Demokratie und Angriffe auf diese ging, konnte er engagiert reagieren (Sitzungen vom 5. Juli 1978 S. 5107ff und vom 10. Oktober 1980 S. 2685). Vielleicht auch deshalb und weil sie ihn treffend charakterisieren, sind mir einige seiner Aussagen wie Lebensweisheiten erinnerlich geblieben.

Mein Platz während der Fraktionssitzungen war – getrennt von den Fraktionsmitgliedern – nahe an der Saaltür. Während einer Sitzung tippte er mir auf die Schulter. Vor der Tür stob ein Journalist des „Wiesbadener Kurier" vorbei, der ihn vortags heftig attackiert hatte. „Soll ich eine deutliche Antwort vorbereiten?" Karry: „Roth, Roth, nichts ist so alt wie die Zeitung von gestern". (Und dann: „Stellen Sie mir mal fest, wie oft der Dregger nicht im Plenum war". Alfred Dregger, Fraktionsvorsitzender der CDU, damals Oppositionsführer im Landtag). Als ihn der CDU-Abgeordnete Kühle in der Sitzung vom 25. August 1976 fragte: Herr Minister, haben Sie der Veröffentlichung des SPD-Pressedienstes öffentlich vor unserer heutigen Sitzung widersprochen?" bestätigte er seine Einstellung: „Herr Kollege, wer mich länger kennt – und die meisten kennen mich schon gut zwei Jahrzehnte lang – weiß, dass ich grundsätzlich nicht dementiere" (Protokoll S. 2099)

Einige Wochen später führte er in der „Lobby" des Landtages ein Gespräch mit einem Journalisten der „Frankfurter Rundschau", der ihn fragte: „Warum hat die FDP nur 10 % der Stimmen, aber einen Einfluss von 33 % auf das Regierungshandeln?". Heinz-Herbert Karry mit todernster Miene: „ Wie, wieso nur 33 %?" hinterließ einen ratlosen Frager.

In der Fraktion lieferte er sich bisweilen heftige Wortgefechte mit dem Bildungspolitiker Uli Krüger über von diesem vehement vertretene Thesen der Jungdemokraten (so nannten sich damals die organisierten Jungen Liberalen). Im Hinausgehen fiel der deutlich vernehmbare Satz: „Du brauchst nur eine emotionelle Idee und Du findest immer Deppen, die ihr folgen". Als hätte er „Fridays for Future", „Wutbürger", oder „Verschwörungstheoretiker" der Zwanziger-Jahre des 21. Jahrhunderts vorausgesehen.

Zukunftsorientierte Weitsicht klang in vielen seiner parlamentarischen Redebeiträge an.

Als die NPD (damals für eine Legislaturperiode im Landtag vertreten) eine Verbesserung der Kriminalitätsbekämpfung einforderte und die tägliche Einwanderung und Einschleusung von Illegalen anprangerte (Sitzung vom 12. März 1970): „Es darf meines Erachtens nicht dahin kommen, wie wir das erst in jüngster Zeit erlebt haben, dass sich die politischen Parteien und insbesondere eine politische Partei dieses Themas bemächtigt, um die berechtigten Ängste der Bürger für sich in einem sehr egoistischen Sinne auszunutzen" (Protokoll S. 3738 – als wäre es 2015).

So zur Energieversorgung in Hessen, Erdgas aus Russland und Abgasfiltern zur Bleireduzierung im Benzin und Strom aus Kernkraft – Sitzung vom 7. Juni 1973, Protokoll S. 3493: „Wir können nichts Besseres tun, als diesen hochinteressanten Absatzmarkt (Hessen) offen zu halten für Energiebezüge aus allen Teilen der Welt. Und dass das in der wirtschaftlichsten und in ausreichender Weise geschieht, das möchte ich lieber nach marktwirtschaftlichen Grundsätzen privaten Firmen überlassen als einem Staat, seinen Organisationen, seinen Behörden, denen es allenfalls gelingen würde, die einzuführende Energie erheblich zu verteuern" (als hätte er das EEG Erneuerbare-Energien-Gesetz von 2000 vorausgesehen)

Zu diesem Thema noch einmal am 13. September 1979 – Protokoll S. 997: „Nach meiner Überzeugung ist der künftige wettbewerbsfähige Energiebedarf der Bundesrepublik ohne den Einsatz von Kernenergie nicht zu decken. Wir werden die Belastbarkeit der Sowjetunion bei der jetzt im Bau befindlichen Erdgasleitung feststellen können. Man redet ja besser nicht davon. Die Iraner fallen als Lieferanten aus. Tritt die Sowjetunion an diese Stelle? Übernimmt sie die Lieferungen? Dann muss man sich bemühen, dass dort eine Liefermöglichkeit besteht. Das würde ich nicht so beiseiteschieben. Es könnte sein, dass wir darauf angewiesen sind". Fortfahrend S. 998: „Von der Technologie darf man sich auch nicht für einen Zeitabschnitt trennen und entfernen wollen". (Hätte Kanzlerin Merkel das 2011 doch berücksichtigt.)

Zukunftsthemen wie „Rufbus" oder „Tempolimit" waren für Ihn von Bedeutung „Ich halte das Thema „Rufbus" für so interessant, dass ich den Antrag gestellt habe, in Hessen eine Pilotstudie machen zu können. Sie war für Darmstadt-Dieburg vorgesehen. Aber der Bundesminister hat den Versuch in Friedrichshafen finanziert und abgelehnt, einen zweiten Versuch zu genehmigen". (Sitzungen vom 6. Juli 1977 – Protokoll S. 3425 und vom 5. Juli 1978 – S. 5078). Ebenda zum Tempolimit Verkehrszeichen 100 bei Nässe: „Ich halte von der Einführung einer solchen Vorschrift überhaupt nichts und habe das auch zum Ausdruck gebracht". (Seite 5079)

Schon damals auch zum Radwegebau (Erlass der Landesregierung vom März 1979) am 4. Juli 1979 – Protokoll S. 728: „Bei der wachsenden Beliebtheit des Fahrradfahrens sehe ich keine Notwendigkeit, öffentliche Mittel zur Werbung für das Radfahren einzusetzen. Außerdem könnte das politisch missverstanden werden" (Das Protokoll verzeichnet „Heiterkeit").

Die in diesem Beitrag anklingende Ironie haben die parlamentarischen Weggefährten sehr wohl verstanden und ihm große Aufmerksamkeit verschafft. Bei keinem anderen Redner im Hessischen Landtag verzeichnet das Protokoll bei nahezu jedem seiner Beiträge „Heiterkeit" oder „Allgemeine Heiterkeit" – und es waren mehrere Hundert.

Sie konnte aber auch in beißenden Spott umschlagen. In einer Debatte um die Beteiligung des Landes an der Investitions- und Handelsbank an die Regierung der SPD gerichtet: „Man hat lange genug in der Bundesrepublik gesagt, der Bundeskanzler Adenauer versteht nichts von Wirtschaftspolitik und die anderen haben gesagt, der Herr Erhard versteht viel von Wirtschaftspolitik, aber nichts von Politik. Solche Möglichkeiten könnte es rein theoretisch auch in Hessen geben und solche Umstände können eben zu voreiligen Beschlüssen geführt haben" (Sitzung vom 29. April 1964 – Protokoll S. 1053) In der Sitzung vom 18. September 1968 – S. 1527: „Die sozialdemokratische Fraktion verwaltet das Land Hessen wie ein parteieigenes Vermögen. Die Ausübung der Macht geschieht so geschlossen, dass sich selbst der Bürgermeister von Dörnigheim nicht ungestraft (Parteiausschluss) um eine öffentliche Position (Landrat) bewerben darf".

In der Debatte am 29. April 1964 ging es auch um eine Änderung der Hessischen Landkreisordnung betreffend Landräte als Landtagsabgeordnete. Der SPD-Abgeordnete Arndt hatte öffentlich preisgegeben, dass der Unterbezirk Frankfurt beschlossen habe, alle Landräte von der Liste zu streichen. Dazu der Abgeordnete Karry: „Ich dachte, oh weh, dann werde ich viele alte Kameraden nicht wiedersehen. Ich habe das Herrn Arndt abgenommen. Manchmal bin ich ja an Naivität nicht zu übertreffen. Aber dann stand die Liste am nächsten Tag in der Zeitung. Und siehe da, die alten Kameraden waren alle wieder da. Ich freue mich, Herrn Kollegen Arndt bei einer gewissen politischen Unredlichkeit ertappt zu haben. Ich glaube, mehr ist zu diesem Thema nicht zu sagen" (Protokoll S. 1022ff).

Aus der gleichen Sitzung noch, weil es so typisch war für Heinz-Herbert Karry. Große Anfrage der FDP zur Verkehrssicherheit der Bundesstraße 54 – an die SPD gerichtet: „Hinsichtlich der Verkehrssicherheit spreche ich nicht nur ein Anliegen meiner Fraktion an, sondern viele Abgeordnete benutzen ja die B54 und jeder Verlust, den wir auf diese Weise überflüssiger Art zu verzeichnen hätten, wäre doppelt beklagenswert, wenn ich gerade bei ihrer großen Zahl das so sehe."(Protokoll S. 1037)

Sehr deutlich werden konnte er auch, wenn er die Spielregeln der Demokratie missachtet sah. In der Parlamentssitzung am 30. Januar 1969 ging es um einen Antrag der CDU zur „Beseitigung besorgniserregender Zustände an hessischen Hochschulen und Schulen". Karry rügte die mangelnde Anwesenheit von Ministern und Staatssekretären (Protokoll S. 2435ff): „Was sollen die Angehörigen der Hochschulen davon halten? Wenn man der parlamentarischen Demokratie Zukunft geben will dann gehört dazu, dass die Minister das Parlament respektieren, wenn durch nichts anderes, dann durch ihre Präsenz. Wenn mir als ein Mann, der sein Geld verdienen muss möglich ist, meine Termine so zu richten, dass ich zu Sitzungstagen hier bin, dann habe ich das Recht zu erwarten, dass Minister und Staatssekretäre ebenfalls hier sind und sich nicht hier anmaßend hinstellen und von der Rolle der parlamentarischen Demokratie sprechen und anderseits sie als Farce demaskieren".

Es war nicht das erste Mal, dass er parlamentarischen Anstand anmahnte. In der Sitzung am 18. September 1968 in der die Aussprache über eine Große Anfrage der FDP zur „Erweiterung des allgemeinen Bildungsangebotes für Arbeitnehmer" erst am späten Abend vor nahezu leerem Plenarsaal stattfand und ein SPD-Abgeordneter ihm zurief, er rede nur für's Protokoll: „So ehrgeizig bin ich nicht. Die lebendige Aussprache mit Landtagskollegen ist das, was ich mir wünsche und was der

Sache den Pfeffer gibt. Aber pfeffern Sie mal, wenn niemand da ist" (Protokoll S. 1920). Und es war auch nicht das Letzte Mal.

Am 30. September 1970 als es um die Gebietsreform in Hessen ging und der SPD-Abgeordnete Dr. Best dazu feststellte, die SPD dächte nicht daran, für andere die Kohlen aus dem Feuer zu holen: „Herr Kollege Dr. Best, wenn Ihnen das Volk eine Mehrheit gegeben hat, dann deshalb weil es will, dass Sie regieren, aber nicht dafür, das nicht zu tun. Das ist ja der Auftrag einer Regierung, für alle zu handeln. Dass die SPD sich diesem Auftrag entzogen hat, dieser Beweis wurde hier und heute geliefert". (Protokoll S. 4264)

In der Debatte zur Großen Anfrage der FDP betreffend „Tarifvertrag für wissenschaftliche Hilfskräfte" vom 29. Juni 1966 stellte er fest (Protokoll S. 2526): „Wissenschaftliche Hilfskräfte in Hessen haben von Tarifvertrag noch nie etwas gehört. Herr Minister, Sie sind auf dem besten Wege, in's nächste Fettnäpfchen zu tappen". Zuruf von der SPD: „Minister tappen nicht". Heinz-Herbert Karry: „Dann schreiten sie eben. Herr Kollege, seien Sie doch dankbar, dass ich Ihren Parteifreund Minister Dr. Schütte rechtzeitig warne. Dann brauche ich doch nachher kein Lamento zu machen. Aber anstatt Dank, ernte ich auch noch Kritik. Ich verstehe das gar nicht".

Es gab viele politische Themen, die von der FDP zu seinen Lebzeiten angestoßen wurden. Mit einer Großen Anfrage die Herabsetzung des Wahlalters von 21 Jahren auf 18 Jahre. Heinz-Herbert Karry: „Ich bin der Ansicht, dass man in dieser Frage nicht nur den Mund spitzen, sondern auch pfeifen soll. Wenn man Jugendliche mit 18 ans Steuer lässt, sollte man sie auch wählen lassen". (Sitzung vom 18. September 1968 – Protokoll S. 1905)

Zur Neuordnung des Bundesgebietes – Zusammenlegung der Bundesländer Saarland, Rheinland-Pfalz und Hessen (Sitzung vom 18. September 1968 – Protokoll S. 1510/11) „In der Bundesrepublik entscheidet eben nicht der intelligenteste Politiker der jeweiligen Parteien, sondern die Frage, woher er kommt". Und weiter: „Wir müssen uns bemühen mit vereinten politischen Kräften die Widerstände dort zu überwinden, wo sie sich zeigen. Versuchen wir dies, gelingt uns dies, so zweifele ich nicht daran, dass wir schon in wenigen Jahren in einem neuen Bundesland ‚Mittelrhein-Hessen' das darstellen, was in Wirklichkeit dieser Raum ist: Das eigentliche Kerngebiet eines modernen Europa im westlichen Gebiet". Diese Neuordnung des bundesdeutschen Föderalismus war ihm ein großes Anliegen (siehe seinen Beitrag dazu in: „Liberale in der Verantwortung" – Carl-Hanser-Verlag München 1976)

Zur Verwaltungsreform in Hessen, zu der Die FDP bereits 1966 ein „Regionengesetz" vorgelegt hatte, das die Abschaffung der Regierungspräsidien vorsah: „Was die Gemeinden selbst können, sollte man diesen überlassen. Man braucht keine Mittelinstanz". (Sitzung vom 13. Dezember 1967 – S. 914ff

Das Sicherheits- und Ordnungsdenken der CDU jener Tage (Antrag zur Beseitigung besorgniserregender Zustände an Hessischen Hochschulen und Schulen") bedachte er bei allem Ernst der Diskussion mit warnendem Sarkasmus (Sitzung vom 30. Januar 1969 – S. 2437). „Meine Damen und Herren von der CDU – Sie spielen ein gefährliches Spiel. Verbrennen Sie sich an diesen Dingen nur nicht die Finger. Denken Sie an das Beispiel Frankreich. Da hat man mit hoher Gewalt die Dinge unter Kontrolle zu halten versucht. Die Mai-Unruhen haben aber Frankreich an den Rand des Abgrundes gebracht. Es gibt andere Beispiele wie die Selbstverbrennung in Prag. Auch da hat man mit den gleichen Methoden des Druckes, mit den gleichen Parolen wie hier etwas Ungeheuerliches bewirkt, an das die, die es gemacht haben, gar nicht gedacht haben. Wenn prominente Vertreter der CDU sagen: Der Vietcong ist unter uns – dann gehört das dazu. Ich würde sagen, die sind vielleicht noch nicht auf die Idee gekommen. Aber möglicherweise fühlen sie sich durch solche Aussprachen ermuntert".

Heinz-Herbert Karry war aber vor allem eines: Ein Liberaler vom Scheitel bis zur Sohle. Er wusste, was „Liberalismus" heißt und was er als Gesellschaftsidee bedeutet. Die einprägsame Kurzformel von Karl-Herrmann Flach, des ersten Generalsekretärs der FDP, auf dem Freiburger Bundesparteitag von 1971 (Liberalismus heißt: Eintreten für die größtmögliche Freiheit des einzelnen Bürgers unter Wahrung seiner menschlichen Würde in jeder gegebenen oder sich verändernden gesellschaftlichen Situation) hat er nicht nur mitgeprägt, sondern sie in der Praxis ausgefüllt und vorgelebt. Er war bis zuletzt der unverbesserlichen Ansicht, dass der freiheitliche Rechtsstaat eine auf der Mündigkeit des einzelnen Bürgers gegründete Partei der Vernunft braucht. Diesen politischen Standort verteidigte er bei jeder Gelegenheit selbst in scheinbar nebensächlichen Vorgängen. So in der Landtagsdebatte vom 8. Oktober 1980 (Protokoll S. 2551) zur SPD-Forderung nach Verpflichtung zum Tragen und Mitführen kraftfahrgerechter Brillen: „Herr Kollege, ist es denn wirklich die Aufgabe einer Landesregierung darüber zu entscheiden, ob ein Kraftfahrer eine randlose oder die Sichtbreite nicht begrenzende Brille zu tragen hat? Wollen Sie den Brillenträgern wirklich vorschreiben, welche Art Brille sie tragen sollen? Ein Kasten für Erste Hilfe muss mitgeführt werden, ein Warndreieck muss mitgeführt werden. Jetzt auch noch die Leute zu verpflichten, eine Ersatzbrille mitzuführen – nein, mit mir nicht".

WIR WISSEN, EINE REGIERUNG
BARZEL/STRAUSS WÄRE DIE
SCHLECHTESTE REGIERUNG, SEIT DER
RÖMISCHE KAISER CALIGULA SEIN
PFERD ZUM KONSUL ERNANNTE.

WALTER SCHEEL

Die Geschichte vom roten Suppen-Kaspar

Der Kaspar, der war kerngesund,
ein dicker Bub und kugelrund,
er hatte Backen rot und frisch,
die Suppe aß er hübsch bei Tisch,
Doch einmal fing er an zu schrei'n:
„Ich esse keine Suppe! Nein!
Die Suppe schmeckt so ekelhaft
nach sozialer Marktwirtschaft!"
Dann lief vom Tische er davon
aus purer Opposition.

Am nächsten Tag — ja, sieh nur her!
Da war er schon viel magerer,
und wieder fing er an zu schrei'n:
„Ich esse keine Suppe, nein!
Mir wird von dieser Suppe schlecht,
ich will das Mitbestimmungsrecht!"

Am dritten Tag, oh weh und ach,
wie ist der Kaspar dünn und schwach!
Doch als die Suppe kam herein,
Gleich fing er heftig an zu schrei'n:
„Hier sage ich aus Grundsatz nein,
die Suppe muß marxistisch sein;
ich bin und bleibe Opponent,
und wenn der ganze Schnee verbrennt!"

Am vierten Tage endlich gar
Der Kaspar wie ein Fädchen war.
Er wog vielleicht ein halbes Lot
und war am fünften Tage tot.
Da liegt er nun in Grabeshaft
und träumet von der Planwirtschaft!

xyz

Mit der FDP für Freiheit, Sicherheit und Wohlstand für das ganze Deutschland

Deine Erststimme für den Kandidaten der FDP
Deine Zweitstimme für die Landesliste der FDP Liste 2

Verantwortlich: Freie Demokratische Partei, Landesverband Hessen

*Flugblatt des FDP-Landesverbandes Hessen zur Bundestagswahl 1953.
Mit freundlicher Genehmigung des ADL (Archiv des Liberalismus),
Flugblattsammlung, E1-87.*

GLEICHHEIT IST ANGSTLOSES
ANDERSSEINDÜRFEN FÜR ALLE

ODO MARQUARD

ABER UNFREIHEIT ZU BENENNEN UND
ZU BEKÄMPFEN IST LEICHTER, ALS
ERLANGTE FREIRÄUME ZU GESTALTEN.

CLAUS DIERKSMEIER

KUNST IST DIE TOCHTER DER FREIHEIT

FRIEDRICH SCHILLER

Autoren:

Till Mansmann, MdB
Bundestagsabgeordneter seit 2017, Vorsitzender FDP Kreisverband
Bergstraße, Diplom-Physiker, Journalist.

Moritz Promny, MdL
Der Unternehmer und Jurist gehört dem Bundesvorstand der FDP seit Mai
2021 an und ist seit 2019 Generalsekretär der FDP Hessen. Er bekleidet das
Amt des bildungspolitischen Sprechers der Fraktion der Freien Demokraten im Hessischen Landtag. Dort ist er außerdem Vorsitzender des Sozial-
und Integrationspolitischen Ausschusses.

Roland von Hunnius
Ehrenvorsitzender FDP Kreisverband Bergstraße, von 1990 bis 2006 Kreis-
vorsitzender der FDP Bergstraße, von 1996 bis 2008 Mitglied des Hessischen Landtags, Engagement in der Gemeinde- und Kreispolitik (25 Jahre
Gemeindevertretung Rimbach, Kreistag Bergstraße, später Kreisausschuss,
zurzeit Mitglied des Gemeindevorstands Rimbach), Diplom-Volkswirt.

Birgit Grüner
FDP-Vorsitzende Lorsch, von 2016 bis 2021 Stadträtin der Stadt Lorsch,
Mitglied des Kreisvorstands FDP Bergstraße – von 2016 bis 2020 stellver-
tretende Vorsitzende, Lehrerin.

Dr. Klaus Valeske
FDP-Vorsitzender Stadt Limburg, Fraktionsvorsitzender Kreistag Limburg-
Weilburg, Mitglied des Landesvorstandes Hessen, Kinderherzchirurg.

Yanki Pürsün, MdL
Landtagsabgeordneter seit 2018, Fraktionsvorsitzender der FDP-Fraktion
im Römer, Luftverkehrskaufmann, Wahlbeobachter.

Dr. Fritz Roth
1971–1972 Wissenschaftlicher Assistent am Hessischen Landtag,
1972–1977 Parlamentsreferent im Bundesministerium für Wirtschaft,
1977–1984 1. Kreisbeigeordneter Landkreis Darmstadt-Dieburg,
2011–2021 Fraktionsvorsitzender FDP-Fraktion Groß-Umstadt,
Rechtsanwalt, Promotion Volkswirtschaft.

*Unser Dank geht an die „Friedrich-Naumann-Stiftung für Freiheit,
Archiv des Liberalismus". Die fachliche Unterstützung, die Bereitstellung
von Plakaten, Handschriften und Büchern, war uns gewiss.
Besonders danken möchten wir dem Leiter des ADL, Professor Dr. Ewald
Grothe und der Archivarin Susanne Ackermann wie auch Dr. Jürgen Frölich.
Danken möchten wir Jochen Fröhlich für die Gestaltung und die
Herstellung der Schrift.*